O Itinerário de Benjamin de Tudela

Coleção Paralelos
Dirigida por J. Guinsburg

Equipe de realização
Coordenação de edição Luiz Henrique Soares e Elen Durando
Edição de texto Iracema A. Oliveira
Revisão Luiz Henrique Soares
Capa e concepção gráfica Sergio Kon
Produção Ricardo W. Neves, Sergio Kon e Lia N. Marques

J. Guinsburg

organização, tradução e notas

O Itinerário de Benjamin de Tudela

 PERSPECTIVA

Direitos reservados em língua portuguesa à

EDITORA PERSPECTIVA S.A.

Av. Brigadeiro Luís Antônio, 3025
01401-000 São Paulo SP Brasil
Telefax: (11) 3885-8388
www.editoraperspectiva.com.br

2017

Sumário

Nota de Edição   9

Introdução de Adler   11

Islã na Idade Média, 11; O Objeto da Viagem de Benjamin, 17;
Bibliografia, 19

A Introdução de Asher   23

Aos Olhos do Século xx   31

Introdução Hebraica   37

O ITINERÁRIO DE BENJAMIN DE TUDELA

39

Europa, 41; Da Europa à Ásia, 65; Para a África, 133;
Retorno à Europa, 145

Glossário   149

Lista das Ilustrações   157

Nota de Edição

Entre as crônicas dos viajantes que desenharam no mundo medieval o mapa mundi das terras conhecidas e "ignotas" que suas andanças lhes permitiram palmilhar, o *Itinerário de Benjamin de Tudela* tem um lugar marcante na literatura hebraica e no contexto judaico ao qual pertence, assim como em diferentes trabalhos científicos sobre a história e a geografia do Medievo. O seu interesse, que nutriu a imaginação de gerações de leitores judeus e deitou frutos inclusive com uma obra clássica nas letras ídiches, *Aventuras de Benjamin* iii*, de Mêndele Mokher Sforim, editada em 1878, transpôs desde logo os muros dos guetos, difundindo-se em sucessivas edições hebraicas e traduções latinas, percurso que o constituiu em objeto de estudo, quer dos principais expoentes da Ciência do Judaísmo, como Leopold Zunz (1794-1886), Moritz Steinschneider (1816-1907) e A. Asher (1800-1853), quer da pesquisa

---

* Título da tradução brasileira, realizada por Paula Beiguelman e editada em 1944, da novela *Massoes Beniúmen Haschlischi,* de Scholem I. Abramovitch (1836-1917), cognominado Mêndele Mokher Sforim (Mêndele, o Vendedor de Livros).

acadêmica sobre o universo medieval encetada desde os humanistas do Renascimento. Uma das razões, sem dúvida, é que Benjamin, embora um homem vinculado às suas raízes religiosas e etnoculturais, descreve com muito realismo tudo o que viu e visitou e, não menos, tudo o que lhe relataram sobre países e povos com os quais não teve contato pessoal. O motivo talvez seja porque o seu olhar é marcado por uma objetividade que se traduz em dados numéricos para a demografia judaica da época e em registro de ocupações no plano da economia, além de outras informações que são atribuídas à sua percepção e avaliação, sobretudo de mercador.

Tais fatos e os quadros descritos por nosso itinerante ainda se propõem com vivacidade a um leitor de hoje, pelo menos foi o que aconteceu ao tradutor e, por isso, ele empreendeu a versão que ora apresenta ao público de língua portuguesa. Transposta para o nosso vernáculo a partir da tradução inglesa de Marcus N. Adler, a presente publicação do *Itinerário de Benjamin de Tudela* inclui a Introdução, o Objeto da Viagem, a Bibliografia, a maioria das Notas da referida edição, livremente redigidas e acrescidas de outras que se julgou necessárias, bem como a Introdução da importante edição anterior dessa mesma obra, também em inglês, do antiquário e bibliófilo alemão A. Asher.

J. GUINSBURG

Introdução de Adler

Islã na Idade Média

O *Itinerário de Benjamin de Tudela* lança um jato de luz sobre um dos mais interessantes estágios do desenvolvimento das nações. A história do mundo civilizado desde a queda do Império Romano até o presente dia pode ser resumida como a luta entre a Cruz e o Crescente. Esse embate caracteriza-se por um persistente fluxo e refluxo. Maomé em 622 a.D. transformou, como que por um passe de mágica, um aglomerado de tribos beduínas em um povo guerreiro. Um império árabe foi formado, o qual se estendeu do Ebro ao Indo. Seu avanço ulterior veio a ser detido no ano de 732, justo cem anos após a morte de Maomé, por Carlos Martel, na batalha de sete dias, de Tours.

O progresso da cultura dos árabes foi tão rápido quanto o de suas armas. Grandes cidades como Cairo e Bagdá foram construídas. O comércio e as manufaturas floresceram. Os judeus, que gozavam de proteção sob o governo benigno dos califas, transmitiram aos árabes o estudo e a ciência dos gregos. Escolas e universidades surgiram em todas as partes do Império. A idade das trevas da Cristandade mostrou ser a idade de ouro da literatura para o judeu e o árabe.

Por volta do século XI, entretanto, os árabes perderam muito de seu espírito marcial. O Islã poderia ter perdido sua ascendência no Oriente não tivessem os guerreiros turcos seljúcidas, vindos das terras montanhosas da Ásia Central, se apossado dos países que, nos tempos antigos, constituíam o império persa sob Dario. Os seljúcidas logo se converteram ao Islã, e sustentaram a força em declínio dos árabes.

Foram os maus tratos dispensados pelos seljúcidas aos peregrinos cristãos à Palestina que levantaram a Europa cristã e a levaram à Primeira Cruzada. O sistema feudal adotado pelos seljúcidas causou intermináveis dissensões entre os pequenos soberanos, denominados "atabegues", dos quais todos eram nominalmente vassalos do califa de Bagdá. Assim, aconteceu que o islamismo, dividido contra si mesmo, ofereceu apenas uma pobre resistência ao avanço dos cristãos. Os cruzados tiveram pouca dificuldade em abrir caminho para a Palestina. Eles capturaram Jerusalém, e estabeleceram lá o Reino Latino.

Por volta de meados do século XII o poder maometano encolhera. Não só os francos detinham a Palestina e todos os postos importantes na costa síria, como, pela captura da Armênia Menor, Antioquia e Edessa, introduziram uma cunha na Síria e estenderam suas conquistas até mesmo para além do Eufrates.

Por fim veio uma pausa no declínio do Islã, Zengi, um poderoso atabegue seljúcida, em 1144 capturou Edessa, o posto avançado da Cristandade; e a Segunda Cruzada, conduzida pelo imperador Conrado da Alemanha e pelo rei Luís VII da França, falhou na tentativa de recapturar a fortaleza. Noradine, o previdente filho e sucessor de Zengi, e, mais tarde, Saladino, um curdo educado em sua corte, descobriram como restaurar o decaído poderio do Islã e expulsar os francos da Ásia. Um necessário passo preliminar era pôr um fim nas dissensões dos governantes atabegues. Noradine fez isso sozinho, efetivamente, anexando seus domínios. Seu próximo passo foi ganhar a posse do Egito, e isolar desse modo o Reino Latino. Gênova, Pisa e Veneza, as três repúblicas italianas que dispunham entre elas o comando do mar, eram demasiado egoístas e demasiado preocupadas com seus interesses comerciais para interferir nos desígnios dos sarracenos. O rei latino Amalrico durante alguns anos procurou fixar um pé no Egito. Em novembro de 1168, levou um exército cristão até o Nilo e esteve a ponto de tomar Fostat, a velha metrópole árabe não fortificada do Egito. Os habitantes, entretanto, preferiram pôr fogo na cidade a deixá-la cair nas mãos dos cristãos. Até o dia de hoje muitos traços desse incêndio podem ser vistos nas vizinhanças do Cairo. O exército de Noradine, em que Saladino tinha um comando subordinado, chegando a tempo à cena da luta, forçou os francos à retirada, e os sarracenos foram aclamados como libertadores.

O governante nominal do Egito nessa época era Al-Adid, o califa fatimita que fez de Saladino o seu vizir, pouco suspeitando que esse modesto oficial logo haveria de suplantá-lo. Tão eficientemente administrou Saladino o país que em poucos meses este recobrou sua prosperidade, a despeito dos cinco anos de guerra devastadora que precedera.

Nessa conjuntura o viajante rabi Benjamin chegou ao Egito. Cerca de três anos antes deixara sua cidade natal – Tudela, junto ao Ebro, no norte da Espanha. Depois de passar pelas prósperas cidades que se situam no Golfo de Lyon, visitou Roma e o sul da Itália. De Otranto cruzou para Corfu, atravessou a Grécia, e então chegou a Constantinopla, da qual dá um interessante relato. Muito reveladoras, por exemplo, são as palavras: "Eles assoldam em todas as nações guerreiros chamados de bárbaros para lutar com o sultão dos seljúcidas; pois os nativos não são dados à guerra, mas são como as mulheres que não têm força para lutar". Depois de visitar as ilhas do Egeu, bem como Rodes e Chipre, passou para Antioquia, e seguiu a bem conhecida rota meridional que margeia o Mediterrâneo, visitando as importantes cidades ao longo da costa, das quais todas estavam então em mãos dos francos.

Em vista das tensas relações entre cristãos e sarracenos, e das lutas e incursões dos cavaleiros latinos, podemos entender por que Benjamin teve de seguir um caminho tortuoso que lhe permitisse visitar todos os lugares de nota na Palestina. De Damasco, que era a capital do império de Noradine, ele prosseguiu viagem com segurança até alcançar Bagdá, a cidade do Califa, de quem tem muito a contar.

É improvável que haja ido longe no interior da Pérsia, que na época se achava em estado caótico e onde os judeus eram muito oprimidos. De Basra, na desembocadura do Tigre, ele provavelmente visitou a ilha de Kisch no Golfo Pérsico, que na Idade Média era um grande empório de comércio e de lá se dirigiu para o Egito, via Aden e Assuan. Benjamin fornece um vívido escorço do Egito de seu tempo. A paz e a abundância parecem prevalecer no país. Esse feliz estado de coisas deveu-se inteiramente às sábias medidas adotadas por Saladino que, no entanto, se mantinha tão calculadamente em segundo plano que nem sequer o seu nome é mencionado no *Itinerário*. A deposição do califa fatimita na sexta-feira, 10 de setembro de 1171, e sua morte subsequente, causou pouca agitação. Saladino continuou a governar o Egito como lugar-tenente de Noradine. No devido tempo, tornou--se senhor de Barca e Trípoli; então conquistou a Arábia Feliz e o Sudão e, após a morte de Noradine não teve dificuldade em anexar os domínios de seu antigo chefe. As nações cristãs encararam esse poder rapidamente crescente com natural alarme.

Por volta dessa época chegaram à Europa notícias de que um poderoso rei cristão denominado Prestes João, que reinava sobre um povo vindo da Ásia Central, havia invadido a Ásia Ocidental e infligido uma derrota esmagadora a um exército muçulmano. O papa Alexandre III concebeu a esperança de que se podia encontrar um aliado útil nesse rei-sacerdote, que apoiaria e sustentaria o domínio cristão na Ásia. Consequentemente, despachou seu médico, Filipe, em missão junto a esse misterioso potentado para conseguir sua ajuda contra os maometanos. O enviado nunca retornou.

Benjamin é um dos poucos autores da Idade Média que nos dá um relato sobre esses súditos do Prestes João. Eles não eram quaisquer outros senão os infiéis, os filhos de Ghuz [oguzes], ou *kofar-al-Turak*, as selvagens hordas de mongóis de nariz achatado vindas das Estepes da Tartária, que, na linguagem singular de Benjamin, "adoram o vento e vivem no agreste, que não comem pão e não bebem vinho, mas se alimentam de carne crua. Eles não têm nariz – em lugar deste têm dois pequenos orifícios através dos quais respiram".

Esses não eram homens provavelmente dispostos a ajudar os cristãos. Ao contrário, como é tão fartamente descrito no *Itinerário* de Benjamin, eles quebraram o poder do sultão Sinjar, o poderoso xá da Pérsia que, fosse ele poupado pelos homens de Ghuz, teria se constituído em séria ameaça para Saladino.

Levou alguns anos para Saladino consolidar seu império. Em 1187 sentiu-se em condição de travar com os francos um embate decisivo. Na batalha de Tiberíades, Guy, o rei latino, foi derrotado e feito prisioneiro. Os cavaleiros templários e hospitalários, de cujos feitos em Jerusalém Benjamin nos dá pormenores, ou partilharam a sorte do rei ou foram mortos em ação. Jerusalém caiu pouco depois. O papa Alexandre III agitou a consciência da Europa e induziu a flor da cavalaria a embarcar na Terceira Cruzada em 1189. Mas a bravura do imperador Frederico Barbarossa, a galhardia de Ricardo I, da Inglaterra, a astúcia de Filipe Augusto, da França não foram de nenhuma serventia. A Quarta e Quinta Cruzadas foram igualmente malsucedidas e a maré de sucesso do Islã subiu alto.

Após a morte de Saladino seu império ruiu em pedaços e sob Gêngis Khan ocorreu a invasão de hordas de mongóis e tártaros, de quem os oguzes foram meramente precursores. Eles assolaram a China e a Rússia, a Pérsia e partes da Ásia Ocidental. O gasto Califado de Bagdá foi varrido, mas o próprio Islã recebeu nova vida. O rápido declínio do poder mongol no fim do século XIII deu rédeas livres ao ascenso dos turcos otomanos, que haviam sido forçados a migrar do leste do mar Cáspio. Como seus parentes, os seljúcidas, estabeleceram-se na Ásia Menor, e abraçaram a fé maometana, um exemplo que muitos mongóis seguiram. Os conversos mostraram serem guerreiros confiáveis na luta pela causa do Islã, que gradualmente atingiu o zênite do sucesso. Em 29 de maio de 1453, Constantinopla foi capturada pelos turcos, e teve fim o Império Bizantino. A Europa Oriental foi subsequentemente varrida e dominada por eles, e só quando Jan

[João III] Sobieski os derrotou diante dos muros deViena em 1683 é que a vitoriosa carreira dos turcos foi detida. Depois, por fim, a maré montante do Islã virou e sua fortuna tem estado sempre em refluxo desde então. Nos dias de hoje, resta-lhes pequeno território na Europa. A Índia e o Egito encontram-se agora sob o domínio da Inglaterra; a Rússia anexou a Ásia Central; a França governa a Argélia e a Tunísia. A gente se pergunta se haverá uma pausa nesse declínio constante do Islã e se as palavras proféticas da Escritura continuarão a valer: "Ele será um homem selvagem, sua mão será contra todos e a mão de todos será contra ele, e ele há de habitar na presença de todos os seus irmãos".

Esta breve consideração da luta entre a Cruz e o Crescente pode servir para indicar a importância da revivescência do Islã, que teve lugar entre a Segunda e a Terceira Cruzadas, na época em que Benjamin escreveu seu *Itinerário*.

O Objeto daViagem de Benjamin

Podemos perguntar o que induziu Benjamin a empreender suas viagens? Que objetivo ou missão estava ele realizando?

É preciso explicar que o judeu na Idade Média era muito dado a viajar. Ele era o Judeu Errante, que mantinha comunicações entre um país e outro. Tinha uma aptidão natural para o comércio e a viagem. Seu povo estava espalhado pelos quatro cantos da terra. Como podemos ver pelo *Itinerário* de Benjamin, dificilmente havia uma cidade de importância onde não se pudesse encontrar judeus. No idioma sagrado eles tinham uma língua comum, e onde quer que fossem podiam contar com uma recepção hospitaleira de seus correligionários. Viajar era, portanto, para eles, relativamente fácil e o laço do interesse comum sempre supria um motivo. Como José, o viajante era despachado com a exortação: "Peço-lhe que veja se está tudo bem com teus irmãos, e traze-me uma notícia de volta". Se esse era o caso em tempos quando a tolerância e a proteção se estendiam aos judeus, quão mais forte deve ter crescido o desejo de intercomunicação no tempo das Cruzadas. As mais prósperas comunidades na Alemanha, e as congregações judaicas situadas ao longo da rota para a Palestina, haviam sido exterminadas ou dispersadas, e até na Espanha, onde os judeus haviam gozado de completa segurança durante séculos, eles foram impiedosamente perseguidos no reinado mouro de Córdoba.

É improvável, no entanto, que Benjamin tenha empreendido sua viagem com o objetivo de verificar onde seus expatriados irmãos poderiam encontrar um asilo. Há de se notar que ele parece envidar o máximo esforço para pesquisar e oferecer pormenores de comunidades independentes de judeus, que tinham seus próprios chefes, e não deviam obediência ao estrangeiro.

Benjamin pode ter tido em vista operações comerciais e mercantis. Ele certamente se detém em assuntos de interesse comercial com consideráveis detalhes. Provavelmente era motivado por ambas as razões, conjugadas ao desejo piedoso de realizar uma peregrinação à terra de seus antepassados.

Quaisquer que possam ter sido suas intenções, devemos a Benjamin um não pequeno débito de gratidão por passar à posteridade registros que formam a única contribuição para o nosso conhecimento de geografia e etnologia na Idade Média.

Bibliografia

O *Itinerário* de rabi Benjamin de Tudela, preparado e publicado por A. Asher, é a melhor edição do diário desse viajante. A primeira edição apareceu em 1840, e continha um texto hebraico cuidadosamente compilado com os pontos das vogais, junto com uma tradução inglesa e uma resenha bibliográfica. Um segundo volume apareceu em 1841, contendo notas elaboradas pelo próprio Asher e por eruditos tão eminentes como Zunz e Rapaport, juntamente com um valioso ensaio do primeiro sobre a "Literatura Geográfica dos Judeus", e sobre a "Geografia da Palestina", além de um ensaio de Lebrecht sobre o Califado de Bagdá.

Somadas às 23 reimpressões separadas e traduções enumeradas por Asher, várias outras apareceram desde então de tempos em tempo, mas todas estão baseadas nas duas edições do texto das quais ele compilou sua obra. Essas eram a *editio princeps*, impressa por Eliezer ben Gerschon em Constantinopla, em 1543, e a Edição de Ferrara de 1556, impressa por Abraão Usque, o editor da famosa *Bíblia dos Judeus* em espanhol.

O próprio Asher deplora mais de uma vez o fato de que não dispusesse de um manuscrito separado para recorrer quando confrontado por dúvidas ou leituras divergentes nos textos à sua frente. Eu, porém, bastante afortunado, pude encontrar e examinar três manuscritos das viagens de Benjamin, bem como um grande fragmento pertencente a dois outros manuscritos, e esses eu incorporei em minha presente colação. O que segue é uma breve descrição dos manuscritos:

1. BM, um manuscrito do Museu Britânico. Em um maço com algumas obras de Maimônides, vários opúsculos

midráschicos, um comentário sobre a Hagadá por Iossef Gikatilia, e um excerto do comentário de Abarbanel sobre *Isaias*; ele faz parte da coleção Almanzi, que assaz curiosamente foi comprada pelo Museu Britânico de Asher & Co. em outubro de 1865, cerca de vinte anos após a morte de Asher. Esse manuscrito é a base do texto que eu adotei.

2. R, ou manuscrito romano, da Biblioteca Casanatense em Roma. Esse manuscrito ocupa as primeiras 27 folhas do Codex 3097, que contém quinze outros tratados, entre os quais o texto de Eldad Hadani, todos escritos pelo mesmo escriba, Isaac de Pisa, em 5189 A.M., que corresponde a 1429-1430.

3. E, um manuscrito agora de propriedade do sr. Epstein de Viena, que o adquiriu da coleção Halberstamm. A única chave confiável no tocante à data desse manuscrito é a licença do censor: "visto per me fra Luigi de Bologna Juglio 1599".

4. O, da coleção Oppenheim na Bodleian Library. O volume em que se encontra contém vários outros tratados transcritos pelo mesmo escriba, e inclui um fragmento de Maimônides, cuja morte é mencionada como tendo ocorrido em 1202, e também uma parte da controvérsia de Nakhmânides, que teve lugar em 1263. O manuscrito está composto em caracteres rabínicos espanhóis e parece que foi escrito no século XIV ou XV.

5. B, também da coleção Oppenheim da Bodleian Library. A data desse fragmento é provavelmente bem mais tardia do que a do manuscrito O, e pode muito bem

proceder do século XVIII. Parece ter sido escrito por mão oriental.

Em adição ao texto crítico, dou uma tradução do manuscrito do Museu Britânico, e acrescento uma breve nota a isso. Limitei propositadamente esta última a pequenas dimensões, em vista do fato de que as notas de Asher, a *Jewish Encyclopaedia* e as obras de autores como Graetz e outros habilitarão o leitor a adquirir informação ulterior sobre os vários incidentes, personagens e lugares referidos por Benjamin. Eu mencionaria, entretanto, especialmente uma obra do sr. C. Raymond Beazley, intitulada *The Dawn of Modern Geography* (O Alvorecer da Moderna Geografia), particularmente seu segundo volume, publicado em 1901. A maneira franca e amistosa com que ele faz justiça aos méritos do viajante judeu contrasta favoravelmente com os comentários pequenos e malignos de certos comentadores não judeus, dos quais Asher se queixa repetidamente.

Não é fora de lugar mencionar que logo após a publicação em 1841 da obra de Benjamin de Tudela por A. Asher, apareceu uma resenha a seu respeito em consecutivos números do periódico judeu *Der Orient*. Os artigos levavam a assinatura de *Sider*, mas o seu autor era na realidade o dr. Steinschneider. Eram as primeiras contribuições literárias pelas quais este se tornou conhecido.

MARCUS N. ADLER
27 de maio de 1907

A Introdução de Asher

Todo estudante deve ter sentido, como eu próprio, a inteira falta de uma obra sobre a geografia da Idade Média. Conquanto, de um lado, Heródoto, Estrabão e outros geógrafos antigos tenham encontrado editores e anotadores sem número, e, de outro, não somente indivíduos, mas sociedades têm labutado para nos familiarizar com o presente estado do mundo, comparativamente nada foi feito para lançar luz sobre aquela parte da geografia que compreende as épocas denominadas obscuras. Assim, o interessado em geografia dispõe de abundantes meios para familiarizar-se com o estado político de nosso planeta no tempo de Alexandre e de Augusto, de Carlos V e da rainha Vitória, mas tem absoluta falta de uma obra que trate o mesmo assunto no período das Cruzadas. Embora essas notáveis guerras tenham encontrado aptos historiadores – a geografia, a ciência irmã, ou, antes, a serva da história, tem sido negligenciada em um grau assombroso. Remediar essa negligência e prover materiais para uma geografia da Idade Média, é a meta do presente trabalho, e o *Itinerário de R. Benjamin de Tudela* foi selecionado para esse propósito; não apenas porque contém mais fatos e menos fábulas do que qualquer outra produção contemporânea que chegou até nós, mas também porque descreve uma porção muito grande da terra conhecida no século XII. Estou plenamente cônscio de que aquilo que ofereço agora ao público é apenas escassa contribuição à ciência cujo estudo viso promover, mas espero continuar esses labores para tornar este livro uma obra de referência ao estudioso da Idade Média e da geografia comparada. Os materiais serão providos por comparação de autores contemporâneos inéditos, tanto europeus quanto orientais, bem como por incessante atenção àqueles relatos que possam ter sido publicados por viajantes de todas as nações. Espero que a distribuição de cópias deste trabalho, que foi bondosamente prometida pelas Reais Sociedades Geográficas de Londres e Paris, tenderá a promover os meus humildes esforços; alguns viajantes a mais, como o major [Henry] Rawlinson, e grande parte de meu objetivo estará realizado.

Considero necessário declarar que a surpreendente similaridade deste *Itinerário* com o de Marco Polo, induziu-me a valer-me tanto quanto possível do plano e das pesquisas do sr. Marsden, o competente editor do veneziano, e eu me sentirei orgulhoso se conseguir firmar o título de bom imitador.

O autor, rabi Benjamin ben Ioná de Tudela, um mercador judeu, iniciou suas viagens por volta de 1160 e seu itinerário compreende grande parte do mundo então conhecido.

A única autoridade, que podemos citar com respeito ao nome desse viajante é o prefácio a este *Itinerário*, de cuja autenticidade, embora evidentemente de mão posterior, não temos razão para duvidar.

Que Benjamin era judeu é demasiado evidente para requerer qualquer prova ulterior, e se examinarmos sua obra com algum grau de atenção, e a compararmos com produções similares, seremos forçados a admitir que ele só poderia ter sido um mercador, que estaria induzido a notar, com tanta precisão, o estado dos negócios nas cidades e nos países por ele visitados. Um olhar sobre o artigo "comércio" de nosso índice será de molde a corroborar fortemente a asserção de que o comércio era a profissão de nosso viajante.

O duplo objeto de suas viagens torna-se assim evidente: como muitos outros peregrinos maometanos e cristãos da Idade Média, rabi Benjamin visitou Jerusalém, a cidade, e Bagdá, o assento dos últimos príncipes de sua nação, e valeu-se dessa peregrinação para coligir tais informações que pudessem ser agradáveis e úteis aos seus irmãos. Era cônscio do seu apego a esses sítios e monumentos, que atestavam a antiga grandeza deles e para os quais eles ainda olhavam com doce melancolia. Sentia a existência desse mágico e invisível laço que, mesmo em nossos dias de indiferentismo, levanta a simpatia de todos os israelitas europeus em favor dos oprimidos de Damasco, mas também sabia que o comércio era quase o seu único meio de sustento e o seu sucesso a mais segura via de ganhar influência junto aos príncipes, cujo jugo oprimia os judeus de seu próprio tempo e, infelizmente, de muitas épocas subsequentes. Essas considerações deram ao livro sua forma presente; os relatos da condição dos judeus nos países que ele viu ou dos quais ouviu, são sempre variados por excelentes notícias e observações metódicas sobre o comércio desenvolvido nas cidades descritas por ele, e o *Itinerário* requer, em alto grau, a atenção do historiador, assim como a do teólogo.

Sua visita a Roma deve ter ocorrido depois de 1159; porque ele esteve em Constantinopla provavelmente em dezembro de 1161; e porque seu relato do Egito, que quase conclui a obra, deve ter sido escrito antes de 1171. Se adicionarmos a essas datas, que obtivemos por um exame do texto, a de seu regresso, como é dado no prefácio, havemos de verificar que a narrativa se refere a um período de cerca de quatorze anos, a saber, de 1159 ou 60, a 1173. Uma feição muito peculiar dessa obra, pela qual seus conteúdos são divididos em "o que ele viu" e "o que ele ouviu", como diz o prefácio, requer particular reparo.

Em muitas cidades na rota de Saragoça a Bagdá, rabi Benjamin menciona o nome dos maiorais judeus, anciãos e guardiões das congregações que ele encontrou. Que uma grande quantidade das pessoas enumeradas por R. Benjamin realmente foram suas contemporâneas, bem como os pormenores que incidentalmente menciona a respeito delas, é corroborado por outras autoridades. Nós, portanto, não hesitamos em afirmar que R. Benjamin visitou todas aquelas cidades das quais nomeia os anciãos e maiorais, e que a primeira parte da narrativa compreende uma descrição de "o que ele viu".

Mas logo na primeira etapa além de Bagdá, todas essas informações cessam, e com exceção de dois príncipes e de dois rabis, procuramos em vão por quaisquer outros nomes. Tão notável diferença entre esta e a parte precedente da obra, leva-nos a afirmar que as viagens de R. Benjamin não se estenderam além de Bagdá, e que ele registrou aí a segunda parte de nossa obra, consistindo esta de "o que ele ouviu". Bagdá, nessa época, a residência do príncipe do Cativeiro, deve ter atraído numerosos peregrinos judeus de todas as regiões, e, sem dúvida, era o lugar mais adequado para colher aquelas informações acerca dos judeus, e do comércio em diferentes partes do mundo, coleta que era o propósito dos labores de R. Benjamin.

A linguagem em que o *Itinerário* de rabi Benjamin está composto é a que tem sido chamada de hebraico rabínico, um idioma em que o significado primitivo de grande número de palavras de origem escritural mudou inteiramente, e que foi enriquecido por muitos outros termos de data relativamente moderna.

O estilo de nossa narrativa prova que seu autor não alimentava quaisquer pretensões ao erudito; é o relato de um mercador judeu muito chão, que provavelmente preferia o idioma em que escreveu, porque entendia menos ainda qualquer outro. Os mais cultos de seus tradutores ficam intrigados pela linguagem e pelo estilo.

A história desse *Itinerário* é notável em muitos aspectos. Ele parece ter ganhado muito cedo crédito entre judeus e cristãos, e as múltiplas edições feitas provam que sempre foi objeto de procura entre os doutos. Sua veracidade geral foi reconhecida pelas numerosas citações de seu conteúdo e referências a ele, e até um período relativamente recente ninguém duvidava da autenticidade das viagens. Mas essas opiniões favoráveis sofreram uma mudança nos séculos XVII e XVIII: teólogos viram nos relatos de rabi Benjamin nada mais senão uma tentativa de engrandecer o número real, e de representar em cores brandas o estado dos judeus em países remotos. Embora eminentes historiadores admitissem e citassem a autoridade de rabi Benjamin, eles tentaram provar que tais viagens nunca foram realizadas, mas eram compilações de um judeu ignorante, que talvez nunca houvesse saído de Tudela.

Nós poderíamos invocar, em refutação às malsustentadas dúvidas desses autores, a alta e inegável autoridade de Rapaport, Zunz e Tafel, e os trabalhos do sr. Lebrecht, que não só consideraram a obra autêntica, mas defenderam em suas notas rabi Benjamin contra seus acusadores. No entanto, pode-se insistir com verdade que as provas menos equívocas de que se trata de uma descrição honesta, por mais incompleta que seja, do que ele realmente viu e soube no lugar, devem ser tiradas do próprio relato. Aí hão de se apresentar numerosos exemplos de minuciosas peculiaridades e notações incidentais, geográficas, históricas e biográficas, relatadas por ele e confirmadas pelo testemunho de outros autores e viajantes antigos e modernos, que ele não poderia ter nem inventado nem emprestado de outros. Certamente é a evidência dessas coincidências, mais do que qualquer força de argumento, que poderá provavelmente produzir convicção nas mentes daqueles que não estão dispostos a serem vistos como crédulos. Essa justificação, geralmente, não se baseia em argumentos, mas no exame imparcial dos detalhes particulares, os quais, tendo sido comparados com os da observação moderna e contemporânea e submetidos ao seu teste, mostrar-se-ão notavelmente corretos.

A informação contida nesta obra, e por cujos méritos ela reclama a atenção do estudioso, pode ser abrangida sob os seguintes tópicos:

A narrativa de rabi Benjamin contém a mais completa descrição existente do estado e do número de judeus no século XII.

Ela fornece os melhores materiais para a história do comércio de Europa, Ásia e África no tempo das Cruzadas.

O nosso autor é o primeiro europeu que noticiou com precisão a seita dos Assassinos na Síria e na Pérsia, o comércio com a Índia (de cuja produção a ilha de Kisch era o principal entreposto), e que mencionou claramente a China e descreveu os perigos que poderiam ameaçar uma navegação no oceano que se interpõe entre aquele país e o Ceilão.

A obra toda culmina em uma interessante, correta e autêntica informação sobre o estado de três quartas partes do globo conhecido à época e, considerando essas vantagens, ela não tem rival na história literária da Idade Média. Nenhuma produção desse período está tão isenta de fabulações e superstições como o *Itinerário* do rabi Benjamin de Tudela.

Um estudo atento da narrativa em seu presente estado, entretanto, nos impôs a convicção de que se trata de uma condensação do diário original que, a esse respeito e a muitos outros, partilhou do destino dos trabalhos de Petahia [de Ratisbona] e de Marco Polo.

Observar-se-á, além disso, que as descrições de dez cidades, e os dois episódios contidos na obra (a. Roma, Constantinopla, Nablus, Jerusalém, Damasco, Bagdá, Tema, Kollam, Cairo e Alexandria; e b. A história de Al-Roy e a expedição contra os goguzes), ocupam, em extensão, mais do que a metade do todo, enquanto cerca de duzentas cidades, algumas das quais devem ter sido de interesse equivalente em muitos pontos de vista, são referidas de maneira tão concisa que toda a informação a elas concernente é disposta em um espaço muito estreito; nem é provável que rabi Benjamin devesse passar em silêncio sobre as relações comerciais da Alemanha, onde ele menciona a cidade de Ratisbona e outras cidades, que no seu tempo absorviam a maior parte do comércio daquele país.

Mas tais omissões não são as únicas desvantagens que devemos deplorar, outra formidável inconveniência surge da ignorância daqueles transcritores de cujas cópias as primeiras edições foram impressas. Por causa de suas interpretações errôneas, o nosso autor fica amiúde obscurecido, embora suas incorreções de ortografia tornem, em muitos casos, uma questão de máxima dificuldade reconhecer os nomes próprios de pessoas e lugares. As letras do idioma em que rabi Benjamin escreveu não são adequadas para expressar com exatidão denominações francesas, italianas, gregas e árabes; e como o texto foi escrito, por certo, sem os pontos que indicam as vogais hebraicas [*nekudot*], não era fácil evitar erros.

Bem cônscios de todas essas desvantagens, não poupamos trabalho nem dispêndio em nossas tentativas de descobrir um manuscrito genuíno, antigo e completo. Mas nem na Europa nem no Egito pudemos descobrir esse desiderato. Nosso labor a esse respeito ficou limitado, necessariamente, a comparar as duas primeiras edições originais, das quais a segunda não foi consultada por qualquer editor ou tradutor precedente. Nós também adicionamos os pontos vogais, pelos quais a obra se torna bem mais inteligível ao leitor em geral, e nós esperamos não ser tachados de presunçosos se asseverarmos que nosso texto, defeituoso como deve necessariamente ser, é, ainda assim, superior a qualquer outro até agora publicado.

A. ASHER
Berlim, dezembro de 1840

Aos Olhos do Século XX*

[...] Muito do material historicamente relevante estava também contido na literatura de viagem contemporânea. Aí, relatos de testemunhos oculares dos próprios viajantes encontravam-se misturados com relatos fatuais de informantes locais e um número muito grande de histórias e lendas. Com o alargamento dos horizontes geográficos, concomitante com a ampliação do comércio internacional e o crescimento da curiosidade científica em outras terras e povos, diários de viagem – *travelogues* – judaicos e não judaicos tornaram-se muito populares. Não é de surpreender que os judeus se mostrassem particularmente fascinados pelas histórias acerca de seus correligionários distantes. Suas perenes controvérsias com muçulmanos e cristãos, em especial, os levavam a rejubilar-se sempre que ouviam que em algumas remotas regiões ainda existiam tribos judaicas não sujeitas à dominação

---

* Sob esse título, a análise da importância do *Itinerário de Benjamin de Tudela*, por Salo W. Baron, em *A Social and Religious History of the Jews*, v. VI, p. 222-224, Columbia University Press.

estrangeira. Mesmo um diplomata e cientista tão altamente colocado como Hisdai ibn Schaprut, como recordamos, procurou comunicar-se instantaneamente com o rei dos cazares, explicando que não era vã curiosidade que ditara sua carta:

> Aquele que testa corações [ele assegurou ao rei] e busca as rédeas sabe que eu não fiz tudo isso a fim de encarecer minha honra, mas apenas para determinar a verdade se de fato existe um lugar onde os dispersos de Israel retiveram um remanescente de poder real, e onde os gentios não os governam nem os oprimem. Se eu soubesse que esse relato é verdadeiro eu de bom grado renunciaria à minha dignidade e abandonaria minha família para ir em pessoa, rapidamente, por montes e montanhas, por mares e terras até atingir o lugar onde meu senhor, o rei, reside, de modo que eu pudesse ver sua grandeza e majestade... e a paz do restante de Israel.

Há pouca dúvida, de fato, que hábeis mensageiros para levar e trazer cartas entre a Espanha e a Cazaria encontraram ávidos ouvintes entre as amplas massas. Isaac, o enviado de Carlos Magno a Harum ar-Raschid, deve também ter estado extremamente ocupado a fim de satisfazer a curiosidade de uma hoste de inquiridores durante e após seu retorno da memorável jornada.

Em menor escala outros viajantes judeus, por razões comerciais, bem como de estudo de erudição, trouxeram o conhecimento das condições de sua terra natal para as comunidades visitadas e levaram de volta informação similar sobre a situação nas terras estrangeiras [...]

Evidentemente desconectada dessas tentativas mais antigas, a literatura de viagem medieval judaica de súbito alcançou seu ponto mais alto nos relatos apresentados por Benjamin ben Ioná de Tudela e Petahia bar Iaakov de Ratisbona. Embora partindo de Tudela no norte da Espanha e de Praga, respectivamente, com uns dez ou quinze anos de diferença (c. 1165 e 1180), ambos os viajantes cobriram a maior parte do mesmo território e assim ajudaram a confirmar as observações de um e de outro. A despeito de sua frequente acolhida ao testemunho do ouvir dizer, inclusive a óbvias histórias populares e lendas, Benjamin e, em menor extensão, Petakhiá, provaram ser guias extremamente valiosos para a história, com os dados numéricos da população, as ocupações econômicas e a estrutura comunitária dos judeus orientais, particularmente aqueles que residiam fora dos principais centros da vida judaica. Na verdade, seus relatos não podem sempre ser conferidos por meio de fontes externas. Mas, uma vez que muitas declarações são confirmadas pela evidência exterior disponível, devemos também conceder o benefício da dúvida àquelas carentes de uma confirmação externa. Nos capítulos precedentes fizemos uso frequente de seus testemunhos, assim como dos comentários a esse respeito por numerosos especialistas que, no curso dos últimos séculos, traduziram seus trabalhos para várias línguas ocidentais e os sujeitaram repetidamente a minucioso escrutínio. Se muitos problemas aguardam ainda elucidação e as próprias leituras textuais parecem muitas vezes dúbias e frustradoras, essas deficiências são em larga medida o resultado de uma tradição manuscrita altamente confusa. A transliteração hebraica de nomes e lugares orientais criou por si só muitas armadilhas para os amiúde incautos e mal informados copistas medievais.

A confiabilidade que em geral se pode ter em Benjamin já foi enfatizada no mais antigo manuscrito conhecido, o do Museu Britânico, que data provavelmente do século treze. Na introdução, que se origina sem dúvida do mais antigo editor das memórias de Benjamin, o escriba notou que "em cada lugar que ele entrou, ele fez um registro de tudo o que viu, ou que lhe foi contado por pessoas dignas de confiança – coisas de que nunca se ouviu falar anteriormente na terra de Sefarad (Espanha)". Como que falando de uma pessoa ainda viva, a introdução conclui que "Benjamin é um homem sábio e inteligente, versado na *Torá* e na *Halakhá**, e onde quer que tenhamos posto à prova suas palavras, verificamos que elas eram acuradas, fiéis aos fatos e consistentes, pois ele é um homem digno de confiança". Esse julgamento traz a marca de uma ação oficial. Conquanto o relato de Benjamin não pudesse provocar a mesma suspeita de heterodoxia como os desvios legais de Eldad, ele contém dados suficientemente questionáveis para requerer uma espécie de reafirmação pública. Aqueles que "testaram suas declarações" e "julgaram-nas acuradas" devem ter sido pessoas de alguma autoridade, cuja confirmação sobre o saber rabínico de Benjamin, talvez objeto de dúvida por seus meticulosos contemporâneos espanhóis devido a certas

---

* *Halakhá*, lei, norma. Nome da Lei Oral que, pela tradição, teria sido comunicada a Moisés juntamente com a Lei Escrita, sendo transmitida de geração em geração, bem como de mestre para discípulo. Aumentada sucessivamente pelos doutores da *Torá*, deu origem ao *Talmud*, constituindo o fundamento de sua codificação legislativa. O termo também designa, na linguagem dos talmudistas, o método empregado para estabelecer ou deduzir uma lei a partir de um versículo da *Bíblia* e, de um modo geral, serve para qualificar a parte normativa que compõe, com a parte metafórica, a *Agadá*, o texto do *Talmud* tanto o da Babilônia como o de Jerusalém.

fraquezas de seu estilo hebraico, era evidentemente visada para aquietar apreensões.

Benjamin teve, claramente, poucas oportunidades para expor seu conhecimento *halákhico*, mas revelou uma e quase moderna percepção de fatores sociológicos. Onde quer que fosse, tentava certificar-se do número de judeus e de sua estratificação econômica. Estava também fortemente interessado em sua organização comunitária, suas instalações educacionais e o nível de suas realizações intelectuais. Em muitas cidades ele menciona os líderes e professores pelo nome, servindo assim amiúde para preservar a sua memória e, por sua vez, receber confirmação ulterior e datas mais precisas para seu próprio registro. Embora provavelmente não fosse médico, demonstrava vivo interesse nas práticas médicas e nos modos populares que havia observado. Se ele próprio omitiu as datas de suas chegadas e partidas – uma penosa omissão para investigadores modernos, forçados a juntar laboriosamente os fragmentos de evidência disponível a fim de reconstruir um simples esboço cronológico de sua jornada – isso se devia indubitavelmente ao seu preparo das memórias para o uso exclusivo de contemporâneos. Ele certamente não percebeu quão importantes os seus dados se mostrariam para as gerações posteriores.

Embora ele deixasse de suprir pormenores exatos, a narrativa de Benjamin tornou-se suspeita de ter sido derivada de algum relato de segunda mão. Estudiosos modernos foram muito longe, entretanto, ao negar que ele haja alcançado regiões ao oeste do Golfo Pérsico, especialmente a Índia, simplesmente devido à óbvia imprecisão de suas datas nessa parte de seu *travelogue*. Evidentemente quanto mais longe dos principais centros de estudos judaicos ele se movia, menos precisas eram as informações fornecidas a ele pelos líderes locais, pois eles próprios não possuíam tais dados exatos nem demonstravam grande curiosidade em tê-los. Será que os estudos judaicos em nossa própria era, altamente articulada e "científica", não sofrem de uma similar escassez de informação no concernente a assentamentos judaicos mais periféricos? Daí provém também a óbvia discrepância entre os números moderados da população referidos por Benjamin para as comunidades orientais e até do leste asiático, e os números bem maiores aduzidos para as cidades do Extremo Oriente. É desnecessário dizer que, exceto para as pequenas comunidades onde cada pessoa conhece todos os demais, seus melhores números se baseiam simplesmente em aproximado "achômetro" [...].

Introdução Hebraica

Este é o livro de viagens que foi compilado por rabi Benjamin, o filho de Ioná, da terra de Navarra – repouse ele no Paraíso.

O dito rabi Benjamin partiu de Tudela, sua cidade natal, e passou por muitos países remotos, como é relatado em seu livro. Em cada lugar que entrou, fez um registro de tudo o que viu, ou que lhe foi contado por pessoas dignas de confiança – coisas de que nunca se ouviu falar anteriormente na terra de Sefarad (Espanha). Ele também menciona alguns dos sábios e homens ilustres residentes em cada lugar. Ele trouxe esse livro consigo em seu retorno à terra de Castela, no ano de 4933 (1173 a.D.)*. O dito

---

* Há uma considerável controvérsia no tocante às datas exatas em que Benjamin começou e completou sua viagem. Em minha opinião, o período pode ser situado em um intervalo muito estreito. No começo de sua jornada ele visitou Roma, onde encontrou R. Iekhiel como intendente da casa do papa Alexandre. Este não pode ser outro senão o papa Alexandre III [1159-1181], que desempenhou um papel tão importante na contenda entre o rei Henrique II e Thomas à Becket. O imperador germânico, Frederico Barbarossa, sustentou o antipapa Vitor IV e, ›

rabi Benjamin é um homem sábio e inteligente, versado na Lei e na *Halakhá*, e onde quer que tenhamos posto à prova suas palavras, verificamos que eram acuradas, fiéis aos fatos e consistentes; pois ele é um homem digno de confiança.

38

› em consequência, Alexandre teve de abandonar Roma logo após a sua eleição em 1159 e antes de sua consagração. Ele não retornou para estabelecer-se permanentemente em Roma até 23 de novembro de 1165, mas foi forçado a deixá-la de novo em 1167. Consequentemente, Benjamin deve ter estado em Roma entre o fim de 1165 e 1167. Benjamin terminou suas viagens passando do Egito para a Sicília e a Itália, depois transpondo os Alpes e visitando a Alemanha. No Cairo ele verificou que o califa fatimita era o governante reconhecido. O califa aqui referido deve ter sido Al'Adid, que morreu na segunda-feira, 13 de setembro de 1171 – sendo o último da linha fatimita. Pouco tempo antes de sua morte, Saladino tornou-se o virtual governante do Egito, e ordenou que a *khutba* fosse lida em nome do califa abássida Al Mostadi de Bagdá. É claro, portanto, que a ausência de Benjamin da Europa deve ser situada entre os anos de 1166 e 1171. Benjamin em sua viagem de regresso passou pela Sicília, quando a ilha não era mais governada por um vice-rei. O rei Guilherme II (o Bom) atingiu a maioridade em 1169, e a visita de Benjamin ocorreu subsequentemente. Verificar-se-á no curso da narrativa que nenhuma declaração de Benjamin é inconsistente com essa determinação de data. (Adler.)

O Itinerário de Benjamin de Tudela

Seu Livro Começa Como Segue · 39

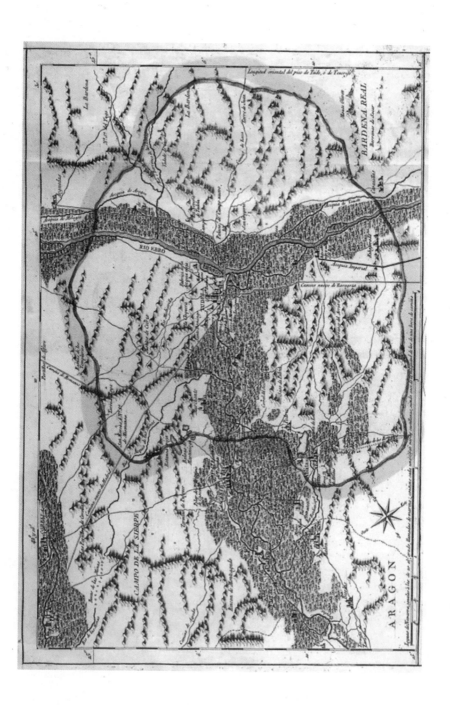

Europa

Eu viajei primeiro de minha cidade natal para a cidade de Saragoça[1] e dali, pelo rio Ebro, para Tortosa. De lá fui, em uma jornada de dois dias, para a antiga cidade de Tarragona[2] com as suas construções ciclópicas e gregas. Não se encontra coisa parecida entre quaisquer das construções na terra de Sefarad. Situa-se junto ao mar, e a dois dias de viagem da cidade de Barcelona, onde há uma santa congregação, inclusive de eruditos, sábios e homens ilustres, como R. Scheschet, R. Schealtiel, R. Salomão e R. Abraão, filho de Hisdai[3]. É uma pequena e bonita cidade, situada no litoral. Mercadores de todos os quadrantes vão

---

1 Saragoça era chamada, no tempo de R. Benjamin, de Sarakosta (Cesaraugusta).

2 As imponentes ruínas de Tarragona compreendem enormes muralhas pré-históricas, erigidas com grandes blocos de pedras não desbastadas, bem como ruínas de aquedutos, túmulos, anfiteatros romanos etc.

3 Nesse relato, a letra R é a abreviatura de rabi, rabino ou rav.

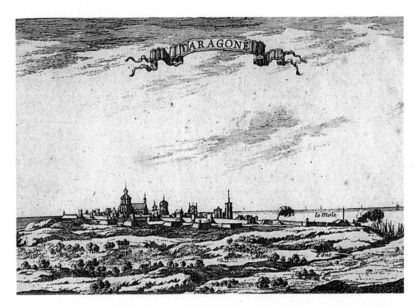

para lá com suas mercadorias: da Grécia, de Pisa, Gênova, Sicília, Alexandria no Egito, Palestina, África e de todas as suas costas. Dali é um dia e meio até Gerona[4], em que há uma pequena congregação de judeus. Uma jornada de três dias leva a Narbona, que é uma cidade proeminente pelo estudo; dali a *Torá* (Lei) difunde-se para todos os países. Sábios, e grandes e ilustres homens residem ali. À sua testa encontra-se R. Kalonymos[5], o filho do grande e ilustre R. Todros, da semente de David, cuja linhagem está estabelecida. Ele possui bens herdados e terras dadas a ele pelo governante da cidade, das quais nenhum homem

4   O antigo nome de Gerona era Gerunda.
5   Registros da cidade de Narbona indicam vendas de terras em nome de R. Kalonymos, cujo antepassado R. Machir chegou à Europa no tempo de Carlos Magno.

pode pela força desapossá-lo. Proeminente na comunidade é R. Abraão, cabeça da academia: também R. Machir e R. Judá, e muitos outros egrégios eruditos. No dia de hoje há trezentos judeus lá.

Dali são quatro parasangas[6] até a cidade de Béziers, onde há uma congregação de homens versados. À sua frente encontram-se R. Salomão Chalafta, R. Iossef e R. Netanel. Daí são dois dias para Har Gaasch que é chamada Montpellier. É um lugar bem situado para o comércio. Dista cerca de uma parasanga do mar e para lá acorrem homens de todas as paragens a fim de comerciar, de Edom, de Ischmael, da terra de Algarve, da Lombardia, do domínio de Roma, a Grande, de toda a terra do Egito, da Palestina, da Grécia, da França, da Ásia e da Inglaterra. Gente de todas as nações é lá encontrada fazendo

6   Uma parasanga mede aproximadamente 1,6 km. A distância entre Narbona e Béziers é apresentada corretamente como sendo de dez parasangas, o que corresponde a uma jornada de um dia. [N. da T.: na verdade, a exata medida da parasanga é motivo de controvérsia. Ver o glossário.]

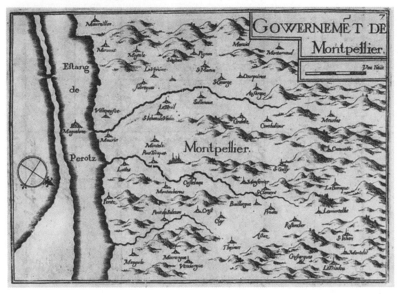

negócios por meio dos genoveses e pisanos. Na cidade, há eruditos de grande eminência, estando à sua testa R. Reuben, filho de Todros, R. Natan, filho de Zacarias e R. Samuel, o rabino-chefe, bem como R. Salomão e R. Mordecai. Eles têm, em seu meio, casas de saber dedicadas ao estudo do *Talmud*. Na comunidade há homens não só ricos como caridosos, que prestam ajuda a todos que vêm a eles.

De Montpellier são quatro parasangas até Lunel, onde há uma congregação de israelitas, que estuda a Lei dia e noite. Ali viveu *rabeinu* Meschulam, o grande rabi, falecido desde então, e ali vivem seus cinco filhos, que são doutos, grandes e ricos, a saber: R. Iossef, R. Isaac, R. Jacob, R. Aarão e R. Ascher[7], o recluso, que mora à parte do mundo; ele medita sobre seus livros dia e noite, jejua periodicamente e se abstém de todo alimento de carne. É um grande estudioso do *Talmud*. Em Lunel vivem também o cunhado deles, R. Moisés, o rabino-chefe, R. Samuel, o ancião, R. Ulsarnu, R. Salomão Hacohen e R. Judá, o Médico, filho de Tibon, o Sefardi. Os estudantes que vêm de terras distantes para estudar a Lei são ensinados, hospedados, alojados e vestidos pela congregação, durante todo o tempo em que frequentam a casa de estudo. A comunidade tem doutos, compreensivos e santos homens de grande benevolência, que prestam ajuda a todos os seus irmãos de longe e de perto. A congregação consiste de cerca de trezentos judeus – possa o Senhor preservá-los.

---

7 R. Ascher era membro de um grupo de rabis medievais dados à mística, pietista, conhecidos como *Peruschim* (do hebraico, *perusch*. "recluso", "abstêmio", "solitário", designa também a seita dos fariseus, do período do Segundo Templo). Seu pai, *rabeinu* Meschulam faleceu em 1170.

Dali são duas parasangas até Posquières, que é um lugar bem grande, contendo cerca de quarenta judeus, com uma academia sob os auspícios do grande rabi, R. Abraão, filho de David, de abençoada memória, um homem enérgico e douto, grande como autoridade talmúdica. De longe vem gente procurá-lo a fim de aprender a Lei de seus lábios, e eles encontram repouso em sua casa, e ele lhes ensina. Àqueles que não possuem recursos ele também paga as despesas, pois é muito rico. O munificente R. Iossef, filho de Menakhem, também reside ali, e R. Benveniste, R. Benjamin, R. Abraão e R. Isaac, filho de R. Meir, de abençoada memória.

Dali são quatro parasangas até o burgo de Saint Gilles, lugar em que vivem cerca de cem judeus. Homens doutos lá residem; estando à sua testa R. Isaac, filho de Jacob, R. Abraão, filho de Judá, R. Eleazar, R. Jacob, R. Isaac, R. Moisés e R. Jacob, filho de R. Levi, de abençoada memória. Esse é um lugar de peregrinação para os gentios que aí vêm dos confins da terra. Dista apenas três milhas do mar, e está situado sobre o grande rio Ródano, que corre através de toda a terra da Provença. Ali mora o ilustre R. Aba Mari, filho do finado R. Isaac; ele é o bailio do conde Raymond[8].

Dali são três parasangas até a cidade de Arles, que tem cerca de duzentos israelitas, e à sua testa estão R. Moisés, R. Tobias, R. Isaias, R. Salomão, o rabino-chefe R. Natan e R. Aba Mari, falecido desde então.

De lá são dois dias de jornada até Marselha, que é uma cidade de opulentos e doutos cidadãos, possuindo

---

8 Durante a Idade Média a abadia de santo Egídio (Saint Gilles) era muito visitada pelos devotos. Os judeus de Beaucaire e vizinhanças gozavam da proteção de Raimundo v, conde de Tolosa, chamado pelos trovadores de "o bom duque".

duas congregações com cerca de trezentos judeus. Uma congregação habita embaixo, junto ao mar, a outra vive no castelo acima. Eles formam uma grande academia de homens eruditos, encontrando-se entre eles R. Simão, R. Salomão, R. Isaac, filho de Aba Mari, R. Simão, filho de Antoli e R. Jacob, seu irmão; também R. Libero. Essas pessoas estão à testa da academia da parte mais alta. À frente da congregação de baixo estão R. Jacob Purpis, um homem abastado, R. Abraão, filho de R. Meir, seu genro, e R. Isaac, filho do finado R. Meir. É uma cidade muito movimentada na costa do mar.

De Marselha pode-se tomar um navio e em quatro dias chegar a Gênova, que fica também junto ao mar. Ali vivem dois judeus, R. Samuel, filho de Salim, e seu irmão, da cidade de Ceuta, ambos bons homens. A cidade está cercada por uma muralha, e seus habitantes não são governados por nenhum rei, mas por juízes que eles indicam à sua vontade. Cada dono de casa (chefe de família) tem uma torre na sua morada e, em tempo de contenda, eles lutam do alto das torres um com o outro. Eles têm comando do mar. Eles constroem navios que denominam galeras, e efetuam ataques predatórios contra Edom e Ischmael e a terra da Grécia até a Sicília, e trazem de volta para Gênova despojos de todos esses lugares. Eles estão constantemente em guerra com os homens de Pisa. Entre eles e os pisanos há uma distância de dois dias de jornada.

Pisa é uma cidade muito grande, com cerca de 10 mil casas torreadas para a batalha em tempos de contenda. Todos os seus habitantes são homens poderosos. Eles não possuem nem rei nem príncipe para governá-los, mas unicamente juízes designados por eles próprios. Nessa cidade há cerca de vinte judeus, estando à sua testa R. Moisés, R. Haim e R. Iossef. A cidade não está cercada por uma muralha. Ela dista cerca de seis milhas do mar; o rio que corre através da cidade proporciona-lhe a via de ingresso e egresso para navios.

De Pisa são quatro parasangas até Luca, que é o início da fronteira da Lombardia. Na cidade de Luca há cerca de quarenta judeus. É um lugar bem grande, e à testa dos judeus acham-se R. David, R. Samuel e R. Jacob.

De lá são seis dias de viagem até a grande cidade de Roma. Roma é a cabeça dos reinos da Cristandade, e contém cerca de duzentos judeus, que ocupam uma posição

honorável e não pagam tributo, e entre eles há oficiais do papa Alexandre, o chefe espiritual de toda Cristandade. Grandes eruditos residem aí, à cuja testa estão R. Daniel, o rabino-chefe, e R. Iekhiel, um oficial do papa. Ele é um jovem de bela aparência, de inteligência e sabedoria, e tem entrada no palácio do papa; pois é o administrador de sua casa e de tudo que ele tem. É um neto de R. Natan, que compôs o *Arukh*[9] e seus comentários. Outros eruditos são R. Ioab, filho do rabino-chefe R. Salomão, R. Menakhem, cabeça da academia, R. Iekhiel, que vive em Trastevere, e R. Benjamin, filho de R. Schabetai, de abençoada memória. Roma é dividida em duas partes pelo

9 *Arukh*, hebr., "preparado", "ordenado". Léxico e dicionário de todas as palavras da literatura talmúdica, dispostas em ordem alfabética, de autoria de Natan ben Yehiel de Roma (1035-1106).

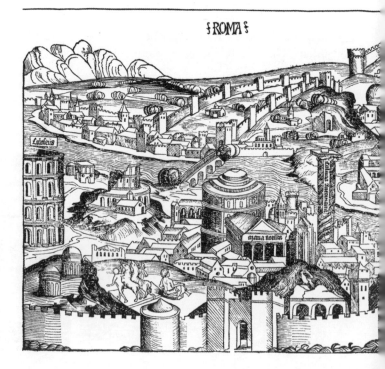

rio Tibre. Numa parte encontra-se a grande igreja que eles chamam de são Pedro de Roma. O grande palácio de Júlio César[10] também se erguia em Roma. Há muitas estruturas maravilhosas na cidade, diferentes de quaisquer outras no mundo. Incluindo tanto as suas partes habitadas quanto em ruínas, Roma tem cerca de 24 milhas de circunferência. No meio dela há oitenta palácios pertencentes a oitenta reis que viveram lá, cada um deles denominado Imperador, começando pelo rei Tarquínio até Nero e Tibério, que viveram no tempo de Jesus, o Nazareno, e findando com Pepino, que libertou a terra de Sefarad do Islã, e foi pai de Carlos Magno.

10 A referência aqui é ao palácio dos césares no Monte Palatino.

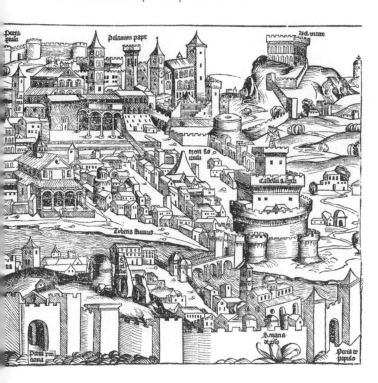

Há um palácio fora de Roma (que se diz ser de Tito)[11]. O cônsul e seus trezentos senadores trataram-no com desfavor, porque não conseguiu tomar Jerusalém senão após três anos, embora eles lhe tenham ordenado que a capturasse em dois. Em Roma também há o palácio de Vespasiano, uma grande e sólida construção; além disso, o Coliseu[12], edifício em que há 365 seções, de acordo com os dias do ano solar; e a circunferência desses palácios é de três milhas. Houve batalhas ali travadas em velhos tempos, e no palácio mais de 100 mil homens foram mortos, e seus ossos permanecem lá empilhados até os dias de hoje. O rei mandou gravar uma representação da batalha e das forças de ambos os lados, uma em face da outra, tanto guerreiros

11 Esta é uma história do Josippon (forma judeu-grega de Josefo, pois se trata de uma adaptação medieval muito popular da obra de Flávio Josefo). Benjamin incorpora por vezes, em seu *Itinerário*, lendas fantásticas que lhe contaram ou foram registradas por seus predecessores.

12 É possível que se trate das termas de Diocleciano ou, mais provavelmente, do anfiteatro Flaviano que, bem cedo no Medievo, começou a ser chamado de Coliseu.

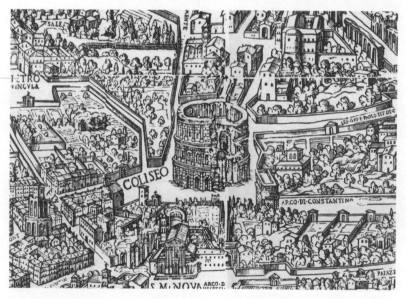

como cavalos, tudo em mármore, para mostrar ao mundo a guerra dos dias antigos.

Em Roma há uma caverna que se estende debaixo da terra, e catacumbas do rei Tarmal Galsin e sua real consorte que lá se encontram, sentados em seus tronos, e com eles cerca de cem personagens reais. Estão todos embalsamados e preservados até o presente dia. Na igreja de São João de Latrão há duas colunas de bronze tiradas do Templo, trabalho manual do rei Salomão, estando cada coluna gravada com "Salomão, o filho de David". Os judeus de Roma disseram-me que em todo ano, no Nono Dia de Ab (julho-agosto), encontram as colunas exsudando umidade como água. Há também a caverna em que Tito, o filho de Vespasiano, guardou os vasos do

Templo que ele trouxe de Jerusalém. Há também uma caverna em uma colina em uma margem do rio Tibre, onde se acham os túmulos dos dez mártires. Em frente de São João de Latrão há estátuas de Sansão em mármore, com uma lança na mão, e de Absalão, o filho do rei David, e outra de Constantino, o Grande, que construiu Constantinopla, que leva o seu nome. A última estátua mencionada é de bronze, sendo o cavalo folheado de ouro[13]. Existem lá muitos outros edifícios e um sem número de coisas para se ver.

De Roma são quatro dias até Cápua, a grande cidade que o rei Capys construiu. É uma bela cidade, mas sua água é má, e a febre grassa na região[14]. Cerca de trezentos judeus moram lá, entre eles grandes eruditos e pessoas consideradas, estando à sua testa R. Conso, seu irmão, R. Israel, R. Zaken e o rabino-chefe R. David, falecido desde então. Eles denominam esse distrito de principado.

De lá, vai-se para Pozzuoli, que é chamada Sorrento, a Grande, construída por Zur, filho de Hadadezer, que fugiu por medo de David, o rei. O mar subiu e cobriu a cidade por seus dois lados, e hoje em dia pode-se ainda ver os mercados e as torres que se erguiam no meio da cidade[15].

13   Trata-se da estátua de Marco Aurélio que se encontra diante do Capitólio.

14   Já no tempo de Benjamin a região da Campagna (Campânia) era conhecida pela malária.

15   O professor Ray Lankester, numa conferência proferida em 29 de dezembro de 1903, na Royal Institution, ilustrou as mudanças nas disposições de terra e água, indicando o templo arruinado, idêntico ao que Benjamin menciona. Agora se ergue bem alto, acima do nível do mar, e assim se apresentava no II e III séculos da era atual. Mas nos séculos VIII e IX situava-se tão abaixo, devido ao afundamento do solo, que as partes inferiores de seus pilares de mármore ficavam submersas e conchas cresciam em suas fissuras.

Uma fonte brota do fundo do solo contendo o óleo que é chamado de petróleo. As pessoas coletam-no da superfície da água e usam-no para fins medicinais. Há também ali fontes de água quente em um total de quase vinte, que saem do solo e estão situadas perto do mar, e todo homem que tenha alguma doença vai lá e banha-se nelas e fica curado. Todos os aflitos da Lombardia visitam-nas no verão com esse propósito.

Desse lugar um homem pode viajar quinze milhas ao longo de uma estrada sob as montanhas, uma obra executada pelo rei Rômulo que construiu a cidade de Roma. Ele foi incitado a fazê-lo por temor ao rei David e Ioab, seu general. Ele construiu fortificações quer em cima das montanhas, quer embaixo das montanhas, chegando tão longe como a cidade de Nápoles.

Nápoles é uma cidade muito forte, situada à beira-mar, e foi fundada pelos gregos. Cerca de quinhentos judeus vivem lá, entre eles R. Hezekiá, R. Schalum, R. Elias Hacohen e R. Isaac de Har Napus, o rabino-chefe de abençoada memória.

Dali segue-se por mar até a cidade de Salerno, onde os cristãos têm uma escola de medicina. Cerca de seiscentos judeus residem lá. Entre os eruditos encontram-se R. Judá, filho de R. Isaac, o filho de Melkhizedek, o grande rabi[16], que veio da cidade de Siponto; também R. Salomão (o *cohen*, sacerdote), R. Elias, o Grego, R. Abraão Narboni e R. Hamon. É uma cidade com muralhas do lado da terra firme, o outro lado bordeja o mar, e há um castelo muito forte no topo do morro. Dali é um dia e meio de jornada até Amalfi, onde há cerca de vinte judeus, entre eles R. Hananel, o médico, R. Elischa e Abu-al-Gir, o príncipe. Os habitantes do lugar são mercadores dedicados ao comércio, que não semeiam ou colhem, porque moram sobre morros altos e penhascos elevados, mas compram tudo por dinheiro. Não obstante, têm abundância

---

16 R. Isaac, o pai de R. Judá, deve ser o "Grande Gafanhoto", contra quem R. Abraão ibn Ezra (1092-1167) dirigiu sua sátira quando visitou Salerno, uns vinte anos antes de R. Benjamin.

de frutas, pois é uma terra de vinhedos e olivais, de hortos e plantações, e ninguém pode fazer a guerra com eles.

Dali é um dia de viagem até Benevento, que é uma cidade situada entre a costa e a montanha, e que possui uma comunidade de cerca de duzentos judeus. E à sua testa acham-se R. Kalonymus, R. Zarakh e R. Abraão. De lá são dois dias de jornada até Melfi no país da Apúlia, que a é a terra de Pul, onde residem cerca de duzentos judeus, e à sua testa estão R. Akhimaaz, R. Natan e R. Isaac. De Melfi é cerca de um dia de viagem até Ascoli, onde há cerca de quarenta judeus, tendo à frente R. Consoli, R. Zemakh, seu genro, e R. Iossef. Dali leva dois dias até Trani junto ao mar, onde se reúnem todos os peregrinos para irem a Jerusalém; pois o porto é um porto conveniente. Uma comunidade de cerca de duzentos israelitas mora lá, encontrando-se à sua testa R. Elias, R. Natan, o Expositor[17], e R. Jacob. É uma grande e bonita cidade.

De lá é um dia de jornada até Colo di Bari, que é a grande cidade que o rei Guilherme da Sicília destruiu. Nem judeus nem gentios vivem lá presentemente em consequência de sua destruição[18].

Dali é um dia e meio até Taranto, que está sob o governo de Calábria, cujos habitantes são gregos. É uma

---

17 *Darschan*, hebr., "expositor", título dado a quem escreve homilias sobre a Escritura. Tais homilias eram proferidas nos serviços sabáticos da sinagoga. A função não era remunerada.
18 A cidade foi destruída por Guilherme [I], o Mau [imagem ao lado], em 1156. Em 1169, Guilherme [II], o Bom, ordenou sua restauração. Benjamin deve tê-la visitado antes dessa data, fato que constitui uma das chaves para a datação do *Itinerário*.

grande cidade, e contém cerca de trezentos judeus, alguns dos quais homens de saber, e à sua testa estão R. Meir, R. Natan e R. Israel.

De Taranto é um dia de jornada até Brindisi, que fica na costa. Cerca de dez judeus, que são tintureiros, residem aí. São dois dias de jornada até Otranto, que fica na costa do mar grego. Ali há cerca de quinhentos judeus, estando à testa deles R. Menakhem, R. Caleb, R. Meir e R. Mali. De Otranto é uma viagem de dois dias até Corfu, onde vive um judeu chamado R. Iossef, e ali termina o reino da Sicília.

De lá são dois dias de viagem até a terra de Larta (Arta), que é o começo dos domínios de Emanuel, soberano dos gregos. É um lugar que contém cerca de cem judeus, achando-se à sua testa R. Schelakhia e R. Hércules. De lá são dois dias até Afilon (Aquelóo)[19], um lugar em que residem cerca de trinta judeus, estando à sua testa R. Sabatai. De lá leva um dia e meio até Anatolica[20], que está situada em um braço do mar.

De lá leva um dia e meio até Patras[21], que é a cidade que Antipater, o rei dos gregos, construiu. Ele foi um dos quatro sucessores do rei Alexandre. Na cidade há muitos edifícios grandes e antigos, e cerca de cinquenta judeus vivem ali, estando à sua testa R. Isaac, R. Jacob e R. Samuel. Meio dia de viagem por mar leva uma pessoa a Kifto (Lepanto)[22], onde há cerca de cem judeus, que

---

19 O rio Aqueloo desemboca no mar Jônico, no lado oposto de Ítaca.

20 Anatolica posteriormente denominada Aetolicum, na Etólia.

21 Patras, a antiga Patrae, foi fundada muito tempo antes de Antípater (c. 397-319 a. C.), general macedônio, lugar-tenente de Felipe e de Alexandre Magno.

22 Lepanto, nos primórdios da Idade Média denominava-se Naupactos ou Epactos e, para alcançá-la a partir de Patras, era preciso cruzar o Golfo de Corinto.

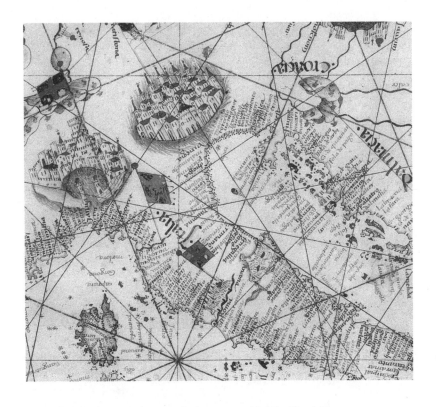

vivem junto à costa do mar; à sua testa estão R. Guri, R. Schalum e R. Abraão. De lá uma jornada de um dia e meio conduz até Crissa, onde cerca de duzentos judeus vivem à parte. Eles plantam e colhem em sua própria terra; à sua testa encontram-se R. Salomão, R. Haim e R. Iedaia. De lá são três dias de viagem até a cidade-capital de Corinto; ali há cerca de trezentos judeus, estando à sua testa R. Leon, R. Jacob e R. Hezekiá.

Dali são dois dias de viagem até a grande cidade de Thebes (Tebas), onde há cerca de dois mil judeus. Eles são os mais hábeis artífices em seda e em tecido de púrpura, em toda a Grécia. Eles têm eruditos versados na *Mischná* e no *Talmud*, e outros homens proeminentes, e à sua testa encontram-se o rabino-chefe R. Kuti e seu irmão R. Moisés, bem como R. Hiya, R. Elias Tirutot e R. Ioktan; e não há ninguém como eles na terra dos gregos, exceto na cidade de Constantinopla. De Thebes é um

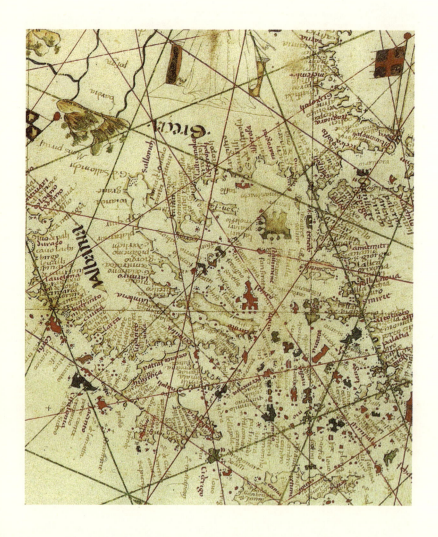

dia de viagem até Egripo[23], que é uma grande cidade na costa, para onde vêm mercadores de todos os quadrantes. Cerca de duzentos judeus vivem lá, tendo à sua testa R. Elias Psalteri, R. Emanuel e R. Caleb. De lá leva um dia até Jabustrisa, que é uma cidade na costa do mar, com cerca de cem judeus, estando à sua frente R. Iossef, R. Elazar, R. Isaac, R. Samuel e R. Netaniá. De lá é um dia de jornada até Rabonica, onde há cerca de cem judeus e à sua testa estão R. Iossef, R. Elazar e R. Isaac. De lá é um dia de jornada até Sinon Potamo, onde há cerca de cinquenta judeus, tendo à sua frente R. Salomão e R. Jacob. A cidade está situada ao pé dos montes da Valáquia. A nação chamada dos valaquianos vive nessas montanhas. São tão velozes como as corças e se precipitam de suas montanhas para roubar e assolar a terra da Grécia. Não há homem que possa erguer-se e batalhar contra eles, e não há rei que possa governá-los. Eles não seguem com firmeza a fé dos nazarenos, mas dão-se nomes judaicos. Algumas pessoas dizem que são judeus e, de fato, chamam os judeus de seus irmãos, e quando se encontram com eles, embora os roubem, abstêm-se de matá-los como matam os gregos. Eles são inteiramente sem lei.

De lá são dois dias de viagem até Gardiki, que está em ruínas e contém apenas uns poucos gregos e judeus. Dali são dois dias de viagem até Armylo, que é uma grande cidade junto ao mar, habitada por venezianos, pisanos, genoveses e todos os mercadores que lá vêm; é um lugar amplo e contém cerca de quatrocentos judeus. À sua testa encontra-se o rabino-chefe R. Schiló Lombardo, R. Iossef,

---

23 Cálcis, a capital da Eubeia ou Negroponte, é até hoje chamada de Egripo. Situa-se no estreito de Euripo.

o guardião[24], e R. Salomão, o cabeça da congregação[25]. Dali é um dia de jornada até Vissena, onde há cerca de cem judeus, à cuja frente se encontram o rabino-chefe R. Sabatai, R. Salomão e R. Jacob.

De lá são dois dias de viagem até a cidade de Salonica, construída pelo rei Seleuco, um dos quatro sucessores que reinaram depois do rei Alexandre. É uma cidade muito grande, com cerca de quinhentos judeus, incluindo o rabino-chefe R. Samuel e seus filhos, que são eruditos. Ele é nomeado pelo rei como chefe dos judeus. Há também R. Sabatai, seu genro, R. Elias e R. Mikhael. Os judeus são oprimidos e vivem da tecelagem da seda.

Dali são dois dias de jornada até Demetrizi, com cerca de cinquenta judeus. Neste lugar vivem R. Isaías, R. Makhir e R. Alib. Daí são dois dias até Drama, onde há cerca de 140 judeus, à cuja testa se encontram R. Mikhael e R. Iossef. De lá é um dia de viagem até Cristopoli, onde vivem cerca de vinte judeus.

Uma viagem de três dias leva a pessoa a Abidos, que fica sobre um braço do mar que flui entre as montanhas, e após cinco dias de jornada a grande cidade de Constantinopla é alcançada. É a capital de toda a terra de Iavan, que é chamada Grécia. Ali é a residência do rei Emanuel, o imperador. Doze ministros estão a seu serviço, cada um dos quais tem um palácio em Constantinopla e eles possuem castelos e cidades; eles governam todo o país. À sua testa acha-se o

---

24 Guardião, *parnas* em hebraico, um líder comunitário cuja função está, em geral, ligada à distribuição de *tzedaká*, o fundo de caridade da congregação.

25 Cabeça, *rosch* em hebraico, aquele que exercia a função de dirigente ou reitor da congregação que, em algumas comunidades medievais, era o responsável oficial que assinava documentos legais em nome da coletividade.

rei Hiparco, o segundo em comando é Megas Domesticus, o terceiro Dominus, o quarto é Megas Ducas, e o quinto é Oeconomus Megalus – os outros portam nomes como esses. A circunferência da cidade de Constantinopla é de dezoito milhas; metade é cercada pelo mar, e metade pela terra, e ela está situada sobre dois braços do mar, um vindo do mar da Rússia, e um do mar de Sefarad.

Todas as espécies de mercadores vão para lá da terra da Babilônia, da terra de Schinar[26], da Pérsia, Média, e de toda a soberania da terra do Egito, da terra de Canaã, e do império da Rússia, da Hungaria, Patzinakia[27], Cazaria[28], e da terra da Lombardia e de Sefarad. Constantinopla é uma cidade movimentada e mercadores de todos os países ali chegam por mar e por terra, e não há outra como ela no mundo, exceto Bagdá, a grande cidade do Islã. Em Constantinopla fica a igreja de Santa Sofia, e a sé do papa dos gregos, visto que os gregos não obedecem ao papa de

26 Schinar, nome bíblico da Mesopotâmia.
27 Patzinakia era o país que se estendia do Danúbio ao Dnieper e correspondia à Dácia do Império Romano. As províncias meridionais da Rússia eram denominadas terra dos cazares, especialmente por autores judeus, muito tempo após a conquista russa, ocorrida por volta do ano 1000. A Crimeia era conhecida pelos viajantes europeus como Gazaria. O R. Petakhia levou oito dias para atravessar o país dos cazares.
28 Casaria ou Khazaria, terra dos cazares. Povo turco que se estabeleceu na região do Volga e do Don por volta do quinto século de nossa era. Situado estrategicamente entre os impérios de Bizâncio e do Islã exerceu importante papel comercial e político nesse âmbito. Há evidência de que nos meados do século VIII sua liderança, se não o povo, se converteu ao judaísmo. Talvez Benjamin tivesse conhecimento da correspondência trocada no século X entre Iossef, o rei dos kahazaris (cazares), e o vizir judeu da Espanha moura, Hasdai ibn Schaprut, além dos elementos que pode ter colhido em suas viagens para as referências que faz aos cazares.

Roma. Há também igrejas de acordo com o número de dias do ano. Uma quantidade de riqueza incontável é trazida para lá, ano após ano, como tributo das duas ilhas, e dos castelos e das povoações que lá existem. E o equivalente dessa riqueza não pode ser encontrado em qualquer outra igreja no mundo. E nessa igreja há pilares de ouro e prata e lâmpadas de prata e ouro mais do que um homem pode contar. Perto dos muros do palácio há também um lugar de diversão pertencente ao rei, que se denomina Hipódromo, e todos os anos no aniversário de nascimento de Jesus o rei oferece ali um grande entretenimento. E nesse lugar, homens de todas as raças do mundo se apresentam ao rei e à rainha, com prestidigitação e sem prestidigitação, e eles introduzem leões, leopardos, ursos e asnos selvagens e os lançam em combate um contra o outro; e a mesma coisa é feita com aves. Nenhum entretenimento como esse pode ser encontrado em qualquer outro país.

Esse rei Emanuel construiu um grande palácio para a sede de seu governo sobre a costa do mar, em acréscimo aos palácios que seu pai edificara, e deu-lhe o nome de Blachernae. Ele revestiu suas colunas e paredes de ouro e prata e gravou nelas representações das batalhas travadas antes de

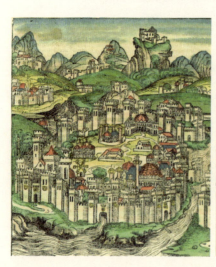

sua época e seus próprios combates. Ele montou um trono de ouro e pedras preciosas e uma coroa de ouro foi suspensa por uma corrente de ouro sobre o trono, arranjada de tal modo que ele pudesse ficar sentado debaixo dela. Incrustada com joias de valor inestimável, à noite nenhuma luz era necessária, pois cada pessoa podia enxergar à luz que as pedras emitiam. Inúmeros outros edifícios podem ser encontrados na cidade. De todas as partes do império da Grécia trazem tributos a cada ano, e eles enchem fortalezas de vestuários de seda, púrpura e ouro. Como esses armazéns e esse tesouro não há nada no mundo inteiro. Dizem que o tributo da cidade monta a cada ano a vinte mil peças de ouro, derivado tanto das lojas e dos mercados quanto dos mercadores que entram por mar ou por terra.

Os habitantes gregos são muito ricos em ouro e pedras preciosas, andam trajados de vestimentas de seda com bordado de ouro, montam cavalos e parecem príncipes. De fato, o país é muito rico em todos os tipos de tecidos, e em pão, carne e vinho.

Riqueza como a de Constantinopla não é de se encontrar no mundo inteiro. Ali também há homens versados em todos os livros dos gregos, e eles comem e bebem, cada homem debaixo de sua vinha e de sua figueira.

Eles contratam em todas as nações guerreiros chamados *loazim* (bárbaros) para lutar com o sultão Masud, rei dos *togarmim* (seljúcidas), que são chamados de turcos; porque os nativos não são belicosos, mas são como mulheres que não têm força para lutar.

Nenhum judeu vive na cidade, porque eles foram estabelecidos atrás de uma barra do mar. Um braço do mar de Marmora (Mármara) fecha-os por um lado, e eles não têm como sair, exceto pelo mar, quando querem fazer negócios com os habitantes. No bairro judeu há quase dois mil judeus rabanitas e perto de quinhentos caraítas[29], e uma cerca os divide. Entre os doutos há muito sábios, estando à sua testa o rabino-chefe R. Abtalion, R. Obadiá, R. Aarão Bekhor Schoro, R. Iossef Schir-Guru e R. Eliakim, o guardião. E entre eles há artífices da seda e muitos ricos mercadores. A nenhum judeu lá é permitido montar a cavalo. A única exceção é R. Salomão Hamitsri, que é o médico do rei, e por cujo intermédio os judeus desfrutam considerável alívio de sua opressão. Pois sua condição é muito baixa e há muito ódio contra eles, que é alimentado pelos curtidores, que despejam sua água suja nas ruas diante das portas das casas judaicas e sujam o bairro dos judeus. Assim, os gregos odeiam os judeus, os bons e os maus igualmente, e os submetem a grande opressão, os espancam nas ruas e os tratam em todos os sentidos com rigor. No entanto, os judeus são ricos e bons, bondosos e caridosos, e suportam sua sorte com alegria. O distrito habitado por judeus chama-se Pera.

De Constantinopla há dois dias de viagem até Rhaedestus [Redesto], com uma comunidade de cerca de quatrocentos israelitas, à cuja frente se encontram R. Moisés, R. Abijá e R. Jacob. De lá são dois dias até Calipolis (Galípoli), onde há cerca de duzentos judeus, estando à

---

29 Caraítas, adeptos de uma heterodoxia judaica surgida no século VIII, na Babilônia, a partir do cisma antitalmúdico de Anias ben David. Eles rejeitavam a Lei Oral, os escritos rabínicos do *Talmud* e suas interpretações e, ao contrário de seus opositores, os rabanitas, radicavam suas práticas religiosas exclusivamente na Escritura. O caraísmo, tido por muitos como sequencia do antifarisaísmo saduceu, difundiu-se, enquanto hermenêutica teológica e ritual, a partir das Academias mesopotâmicas para outras coletividades judaicas do Oriente Próximo, inclusive a Palestina, e também para a Crimeia e os Bálcãs.

sua testa R. Elias Kapur, R. Schabatai Zutro e R. Isaac Megas, que quer dizer "grande" em grego. E dali são dois dias até Kales. Ali há cerca de cinquenta judeus, estando à sua frente R. Jacob e R. Judá. Dali são dois dias de viagem até a ilha de Mitilene, e existem congregações judaicas em dez localidades da ilha. De lá são três dias de viagem para a ilha de Quios, onde há cerca de quatrocentos judeus, incluindo R. Elias Heman e R. Schabta. Ali crescem as árvores de que o mastique[30] é obtido. Dois dias de viagem leva à ilha de Samos, onde há trezentos judeus, estando à sua testa R. Schemaria, R. Obadiá e R. Joel. As ilhas têm muitas congregações de judeus. De Samos são três dias até Rodes, onde há cerca de quatrocentos judeus, encontrando-se à sua testa R. Aba, R. Hananel e R. Elias.

65

Da Europa à Ásia

São quatro dias de viagem daí até Chipre, onde há judeus rabanitas e caraítas; há também alguns judeus hereges denominados *epikursin*[31], a quem os israelitas excomungaram em todos os lugares. Eles profanam a véspera do *Schabat*, e observam a primeira noite da semana, que é a terminação do *Schabat*[32]. De Chipre são quatro dias de

30 *Mastique*, goma ou resina exsudada da casca de uma árvore. Era um item do comércio do Mediterrâneo na Idade Média.

31 *Epikursin*, palavra de origem grega, derivada de epicurista e que passou designar, entre os judeus, todo indivíduo desviado da prática ritual e/ou da teologia rabínicas.

32 Abraão ibn Ezra (1092-1167) visitou Chipre antes de sua ida a Londres em 1158, quando escreveu a *Epístola Schabat*. Não é improvável que as práticas heterodoxas da seita de quem Benjamin ›

viagem para Curicus (Kurch), que é o começo do país chamado Armênia, e essa é a fronteira do império de Thoros, governador das montanhas e rei da Armênia, cujos domínios se estendem até a província da Trunia e o país dos *togarmim* ou turcos. Dali são dois dias de jornada até Malmistras, que é Tarschisch, situada junto ao mar; e até aí se estende o reino dos *iavanim* ou gregos.

Dali são dois dias de viagem até Antioquia, a Grande, situada à margem do rio Fur (Orontes), que é o rio Jabok, que corre do monte Líbano e da terra de Hamath. Esta é a grande cidade que Antíoco, o rei, construiu. A cidade fica junta a uma alta montanha, que está rodeada pelas muralhas da cidade. E o topo da montanha é um poço, de onde um homem, nomeado para esse propósito, dirige a água por meio de vinte passagens subterrâneas para as casas dos maiorais da cidade. A outra parte da urbe está cercada pelo rio. É uma cidade poderosamente fortificada, e sob poder do príncipe Boemondo Poitivin, alcunhado o Baube, o Gago. Dez judeus moram aí, dedicados à produção de vidro, e à sua testa estão R. Mordecai, R. Haim e R. Samuel. Dali são dois dias de viagem até Lega, ou Ladikiya, onde há cerca de cem judeus, estando à sua frente R. Haim e R. Iossef.

Dali há dois dias de jornada até Gebel (Gebela), que é Baal-Gad, ao pé do Líbano. Na cercania, habita um povo denominando *al-haschischim*[33]. Eles não acreditam

---

‣ fala tenham sido apresentadas em certos livros aos quais Ibn Ezra alude, e o hajam induzido a compor o panfleto em defesa do modo tradicional de observância do dia do Schabat.

33 Do termo *haschischim*, fumadores de haxixe, deriva a palavra "assassinos". Ibn Batuta e outros autores árabes têm muito a dizer acerca dos Assassinos ou *mulahids*, como eles os designam. Benjamin os menciona, novamente, quando afirma que na Pérsia eles assombravam o distrito montanhoso de Mulahid, sob o domínio ‣

na religião do Islã, mas seguem um homem de sua própria gente, a quem consideram como seu profeta, e tudo o que ele lhes diz para fazer eles levam a cabo, seja para a morte ou para a vida. Eles o chamam de Scheik Al-Haschischim, e ele é conhecido como o Velho. E à sua ordem esses montanheses vão e vêm. Sua principal sede é Kadmus, que é Kedemot na terra de Sihon. Eles são fiéis uns aos outros, mas uma fonte de terror para seus vizinhos, matando até reis, ao custo

> do Velho da Montanha. A maneira pela qual o xeque adquiriu influência sobre os seus seguidores é descrita de modo divertido por Marco Polo (*The Book of Ser Marco Polo:The Venetian*, traduzido e editado pelo coronel *sir* Henry Yule; 3. ed., London: John Murray, 1903): "Em um fértil e sequestrado vale, ele dispôs tudo o que se possa conceber para agradar o homem – palácios luxuosos, deliciosos jardins, formosas donzelas, habilidosas em música, dança e canto, em suma, um verdadeiro paraíso! Quando desejoso de enviar alguém de seu bando para uma missão perigosa, o Velho drogava-o e o instalava, enquanto estava inconsciente, nesse glorioso vale. Mas não era por muitos dias que lhe era permitido deleitar-se com os prazeres do paraíso. Outra poção lhe era então ministrada e quando o jovem despertava estava na presença do Velho da Montanha. Na esperança de dispor de novo dos prazeres do paraíso, estava pronto a embarcar em qualquer encargo desesperado, ordenado pelo Velho". Marco Polo menciona que o Velho encontrou astutos representantes que se estabeleceram com seus seguidores em partes da Síria e do Curdistão. Ele acrescenta ainda que no ano de 1252, Alau, senhor dos tártaros do Levante travou guerra contra o Velho e o matou, juntamente com muitos dos seus seguidores. Yule fornece uma longa lista de assassinatos ou tentativa de assassínio atribuídas aos Assassinos. Houve um atentado contra a vida de Saladino em 1174-1176. O príncipe Eduardo da Inglaterra foi morto por eles em Acre, no ano de 1172. A seita não está inteiramente extinta. Eles se espalharam e chegaram até Bombaim e Zanzibar, e o seu número na Índia Ocidental ultrapassa os cinquenta mil. A menção ao Velho da Montanha recordará ao leitor a história de Sindbad, o Marinheiro, dos contos das *Mil e Uma Noites*.

de suas próprias vidas. A extensão de sua terra é de oito dias de jornada. E eles estão em guerra com os filhos de Edom, que são chamados de francos, e com o senhor de Trípoli, que é Tarabulus el Scham. Em Trípoli, há anos atrás, houve um terremoto, quando muitos judeus e gentios pereceram, pois casas e paredes desabaram em cima deles. Houve grande destruição na época em toda a Terra de Israel, e mais de vinte mil almas pereceram.

Dali é um dia de viagem à outra Gebal (Gubail)[34], que confina com a terra dos filhos de Amon, e há aí cerca de 150 judeus. O lugar está sob o domínio dos genoveses, sendo o nome do governador Guilelmus Embriacus. Ali foi encontrado um templo pertencente aos filhos de Amon nos velhos tempos, e um ídolo deles sentado sobre um trono ou cadeira, feito de pedra revestida de ouro. Duas mulheres são representadas sentadas, uma à direita e outra à esquerda dele, e há um altar em frente, diante do qual os amonitas costumavam sacrificar e queimar incenso. Vivem lá cerca de duzentos judeus, estando à sua testa R. Meir, R. Jacob e R. Simkhá. O lugar está situado na costa da terra de Israel. De lá são dois dias de jornada até Beirute, ou Beeroth, onde há cerca de cinquenta judeus, encontrando-se à sua frente R. Salomão, R. Obadiá e R. Iossef. Dali é um dia de viagem até Saída, que é Sidon, uma grande cidade, com cerca de

---

34 Gubail é a antiga Gebal, reputada por seus artífices e canteiros. Cf. *Salmos* 83,8, e Ezequiel 27, 9. Os gregos denominavam esse lugar de Biblos, a cidade natal de Filo. As moedas de Biblos trazem uma representação do templo de Astarté. Ao longo de toda a costa dessa região encontram-se remanescentes do culto de Baal Kronos e Baaltis, de Osíris e de Ísis, sendo provável que o culto de Adônis e de Júpiter-Amon levasse Benjamin a associar os amonitas a esse culto. A referência aos filhos de Amon baseia-se em um equívoco que decorre, talvez, de *Salmos* 83, 8.

vinte judeus. A dez milhas de lá reside um povo que está em guerra com os homens de Sidon; eles são denominados drusos e são pagãos de um caráter despido de lei. Eles habitam as montanhas e as fendas dos rochedos; eles não têm rei ou chefe, mas vivem independentes nesses lugares altos, e sua fronteira se estende até o monte Hermon, que fica a três dias de jornada dali. Eles estão imersos em vício, irmãos casando-se com irmãs e pais com suas filhas. Eles têm um dia de festa no ano, quando se reúnem, tanto homens como mulheres, para comer e beber juntos, e então intercambiam suas mulheres. Eles dizem que na época em que a alma deixa o corpo, ela passa, no caso de um homem bom, ao corpo de uma criança recém-nascida; e no caso de um homem mau, ao corpo de um cão ou de um asno. Tais são suas insensatas crenças. Não há judeus residentes entre eles, mas certo número de judeus artífices e tintureiros vai ter com eles para fazer comércio, e depois retorna, sendo esse povo favorável aos judeus. Eles erram pelas montanhas e pelos montes, e homem nenhum pode batalhar com eles[35].

De Sidon é meio dia de viagem até Sarepta (Sarfend), que pertence a Sidon. Dali é meio dia de jornada até Nova Tiro (Sur)[36], que é uma cidade muito aprazível, com um porto no meio. À noite aqueles que arrecadam impostos jogam correntes de ferro de torre para torre, de modo que ninguém pode passar com um barco ou de qualquer outro modo para roubar os navios. Não há porto igual

---

35 *The Quarterly Statement of the Palestine Exploration Fund* para 1886 e 1889 proporciona uma boa porção de informações concernentes à religião dos drusos. A moralidade deles é ali descrita como tendo sido muito denegrida.

36 Tiro era reputada por sua vidraria e fabricação de açúcar até 1291, quando a cidade foi abandonada pelos cruzados e destruída pelos muçulmanos.

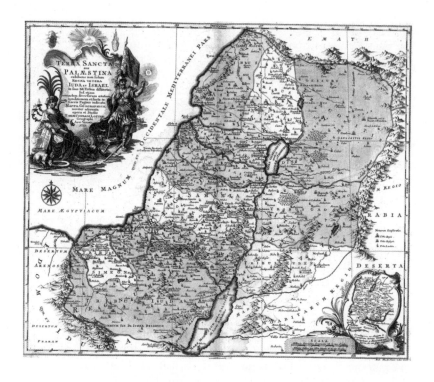

a esse em todo mundo. Tiro é uma linda cidade. Contém cerca de quinhentos judeus, alguns deles eruditos no *Talmud*, estando à sua testa R. Efraim de Tiro, o *daian* (juiz), R. Meir de Carcassona e R. Abraão, o chefe da congregação. Os judeus são donos de navios de alto-mar, e há vidreiros entre eles que produzem a bela vidraria de Tiro que é apreciada em todos os países. Na vizinhança encontra-se açúcar de alta qualidade, pois os homens o plantam ali e vem gente de todas as partes para comprá-lo. Uma pessoa pode escalar as muralhas de Nova Tiro e ver a antiga Tiro, que o mar agora cobriu, situada a uma distância de um arremesso de pedra, da cidade nova. E se alguém quiser sair de barco, pode ver castelos, praças de mercado, ruas e palácios no leito do mar. A Nova Tiro é um movimentado lugar de comércio, ao qual acorrem mercadores de todos os quadrantes.

Um dia de jornada leva a Acre, a Aco dos tempos antigos, que fica na fronteira de Ascher; é o começo da terra de Israel. Situada junto ao Grande Mar (Mediterrâneo), possui um largo porto para todos os peregrinos que vêm a Jerusalém por navio. Um córrego flui diante dele, denominado riacho de Kedumim[37]. Cerca de duzentos judeus vivem lá, estando à sua testa R. Tzadok, R. Jafet e R. Ioná. De lá há três parasangas até Haifa, que é Haefer na costa, e no outro lado fica o monte Carmel, em cujo sopé há muitos túmulos judaicos. Na montanha encontra-se a caverna de Elias, onde os cristãos erigiram uma estrutura chamada Santo Elias. No topo da montanha pode-se reconhecer o altar destruído que Elias reparou nos dias de Ahab. O sítio do altar é circular, dele restam cerca de quatro cúbitos, e ao pé da montanha flui o riacho Kischon. Dali há quatro parasangas até Capernaum (Cafarnaum), que é a aldeia de Nahum, idêntica a Maon, a cidade de Nabal, o Carmelita.

---

37 Esse nome é aplicado ao Kischon, que será mencionado adiante e celebrado no Canto de Débora (*Juízes* 5, 21), mas ele situa-se cerca de cinco milhas ao sul de Acre, sendo o rio mais próximo da cidade o Belus, reputado por sua fina areia adequada à fabricação de vidros. Não é improvável que R. Benjamin esteja aludindo ao famoso bebedouro de bois a cujo respeito os autores árabes têm muito a dizer. Mukkadasi escreve em 985: "Fora da porta oriental da cidade há uma nascente. Eles chamam-na de Ain al Bakar e relatam como Adão – a paz esteja com ele! – descobriu essa nascente e deu dessa água a seus bois, daí seu nome".

A seis parasangas dali é Cesareia, a Gat dos filisteus, e ali vivem cerca de duzentos judeus e duzentos *cutims* – esses são os judeus de Schomron, que são chamados de samaritanos. A cidade é agradável e bonita e fica junto ao mar. Foi construída por César, e em sua honra é chamada de Cesareia. De lá é meio dia de jornada até Kako, a Keilá da Escritura. Não há judeus ali. De lá há meio dia de jornada até São Jorge, que é Lud, onde vive um judeu, que é tintureiro. Dali é um dia de jornada até Sebastiya, que é a cidade de Schomron (Samaria), e ali as ruínas do palácio de Ahab, o filho de Omri, podem ser vistas. Era antigamente uma bem fortificada cidade na encosta da montanha, com correntes de água. Ainda é uma terra de riachos, jardins, hortos, vinhedos e olivais, mas nenhum judeu reside ali. Dali há duas parasangas até Nablus, que é Schekhem sobre o monte Efraim, onde não há judeus; o lugar situa-se no vale entre o monte G(u)erizim e o monte Ebal, e contém cerca de mil *cutims*, que observam a lei escrita de Moisés somente, e são chamados de samaritanos. Eles têm sacerdotes da semente (de Aarão), e eles os chamam de *aaronim*, que não se misturam por casamento com os *cutims*, mas apenas contraem matrimônios entre eles mesmos. Esses sacerdotes oferecem sacrifícios e fazem oferendas queimadas no local de reunião no monte G(u)erizim, como está escrito na lei deles – "E tu assentarás a bênção no monte G(u)erizim". Eles dizem que este é o próprio sítio do Templo. Na Páscoa (Pessakh) e nas outras festividades efetuam oferendas queimadas no altar que construíram no monte G(u)erizim, como está escrito na sua lei – "Vós assentareis pedras sobre o monte G(u)erizim, das pedras que Ioschua e os filhos de Israel assentaram junto ao Jordão". Eles dizem que descendem da tribo de Efraim. E no meio deles encontra-se o túmulo de Iossef, o filho de Jacó nosso pai, como está escrito – "e os ossos de Iossef sepultados em Schekhem". No alfabeto deles faltam três letras, ou seja, *He, Het* e *Ain*. E a letra *He* (ה) é tirada de Abraham (סהְרְבָא) nosso pai, porque eles não têm dignidade, a letra *Het* (ח) de Itzhak (קחָצִי), porque eles não têm bondade e a letra *Ain* (ע) de Iaakov (בקֹעֲי), porque eles não têm humildade. Em lugar dessas letras, fazem uso do álef (א), pelo que podemos dizer que eles não são da semente de Israel, embora conheçam a lei de Moisés com exceção daquelas três letras. Eles se resguardam da poluição do morto, dos ossos do assassinado e dos túmulos; e tiram as vestes que usaram antes de ir ao lugar de culto, e eles se banham e põem roupas limpas. Esta é sua prática constante. No monte G(u)erizim há fontes e jardins e plantações, mas o monte Ebal é pedregoso e estéril; e entre eles no vale fica a cidade de Schekhem.

Desse último lugar há uma distância de quatro parasangas até o monte G(u)ilboa, que os cristãos chamam de monte Gilboa; fica em um distrito muito seco. E são cinco parasangas de lá até uma aldeia onde não há judeus. Dali são duas parasangas até o vale de Akhalon, que os cristãos chamam de Val-de-Luna. A uma distância de uma parasanga fica Mahomerie-le-Grand, que é Gibeon, a Grande; ela não contém judeus[38].

---

38 É duvidoso que Benjamin haja visitado pessoalmente todos os sítios mencionados em seu *Itinerário*. Lá onde ele esteve, sua passagem ocorreu não muito depois da Segunda Cruzada, quando a Palestina, sob os reis latinos de Jerusalém, foi perturbada por dissensões internas e pelas investidas dos sarracenos a mando de Nur-ed-din [Noredine], de Damasco, e seus generais. Benjamin poderia, no máximo, ter passado pelos lugares mais importantes quando a oportunidade se lhe oferecia. Akhalon e a maioria das paragens citadas pelo viajante estão mais ou menos identificadas ›

De lá são três parasangas até Jerusalém, que é uma cidade pequena, fortificada por três muralhas. Esta cheia de gente que os maometanos chamam de jacobitas, bem como sírios, gregos, georgianos e francos, e gente de todas as línguas. Ela contém uma casa de tinturaria, pela qual os judeus pagam anualmente uma pequena renda ao rei[39], com a condição de que, além daqueles judeus, não sejam permitidos quaisquer outros tintureiros em Jerusalém. Há cerca de duzentos judeus que residem sob a Torre de David em um canto da cidade. A porção inferior do muro da Torre de David, com a extensão de cerca de dez cúbitos, é parte da antiga fundação estabelecida por nossos ancestrais, tendo sido a porção remanescente construída pelos maometanos. Não há na cidade toda estrutura mais forte do que a Torre de David. A cidade possui também dois edifícios, de um dos quais – o hospital – saem quatrocentos cavaleiros (Cruzados); e no seu interior todos os doentes que aí vêm são alojados e cuidados na vida e na morte[40]. O outro edifício é chamado Templo de Salomão; é o palácio construído por Salomão, o rei de Israel. Trezentos cavaleiros estão lá aquartelados, e saem de lá

> na relevante obra publicada pelo Palestine Exploration Fund, *The Survey of Western Palestine*. Os registros de nosso autor são cuidadosamente examinados e o coronel Conder, depois de estender-se sobre os extraordinários erros cometidos pelos autores do tempo das Cruzadas, alguns dos quais, na realidade, confundiram o Mar da Galileia com o Mediterrâneo, afirma: "Os peregrinos medievais judeus parecem, via de regra, ter tido um conhecimento mais acurado tanto do país quanto da *Bíblia*. Suas asserções são sustentadas pelas ruínas remanescentes e são de máximo valor".

39 Trata-se do rei Balduíno III, que morreu em 1162 e foi sucedido por seu irmão, Almarico I.

40 A referência aqui é aos cavaleiros do Hospital de São João e aos Templários.

todos os dias para exercícios militares, além dos que vêm da terra dos francos e de outras partes da Cristandade, por terem assumido a obrigação de servir ali um ano ou dois até seu voto ser cumprido. Em Jerusalém, ergue-se a grande igreja denominada Sepulcro, e aí é o lugar do sepulcro de Jesus, a quem os cristãos fazem peregrinações. Jerusalém possui quatro portas; a porta de Abraão; a porta de David; a porta de Tzion; e a porta de Guschpat, que é o portão de Iehoschafat, defronte o antigo Templo, agora chamado Templum Domini. No sítio do santuário, Omar ben al Khataab erigiu um edifício com uma cúpula muito grande e magnificente, em que os gentios não colocam nenhuma imagem ou efígie, mas vêm meramente para rezar. Em frente a esse lugar encontra-se o muro ocidental, que é um dos muros do Santo dos Santos. Este é chamado "a Porta da Mercê", e para ali vêm todos os judeus a fim de orar diante do muro do pátio do Templo. Em Jerusalém, ligados ao palácio que pertencia a Salomão, situam-se os estábulos construídos por ele, que formam uma estrutura muito sólida, composta de grandes pedras, e que não tem igual em nenhuma parte do mundo. Permanece também visível até o presente dia o tanque usado pelos sacerdotes antes de oferecerem seus sacrifícios, e os judeus que ali vêm escrevem seus nomes no muro. A porta de Iehoschafat leva ao vale de Iehoschafat, que é o lugar de reunião das nações. Ali está o pilar denominado Mão de Absalão e o sepulcro do rei Uzias[41].

---

41 Em memória à desobediência de Absalão a seu pai, era costume dos judeus atirar pedras nesse monumento. A tumba contígua é conhecida tradicionalmente como a de Zacarias (*Crônicas* II, 24, 20). O rei Uzias, dito, também, Azarias, foi sepultado no Monte Sião (em hebraico, Tzion), próximo a outros reis de Judá (*II Reis*, 15, 7).

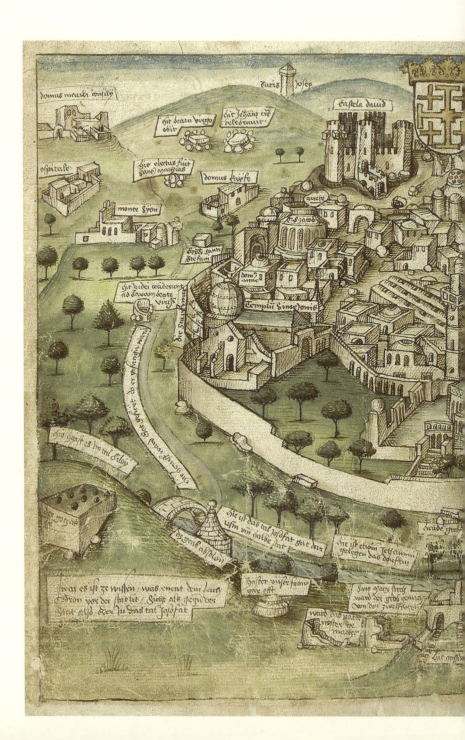

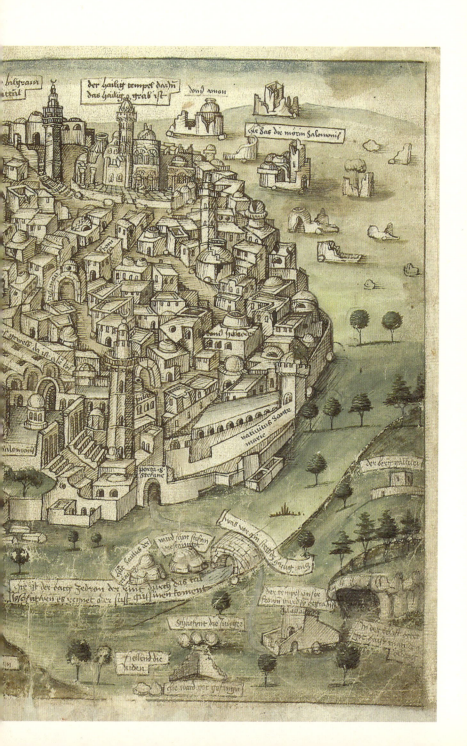

Na vizinhança há também uma grande fonte, chamada Águas de Siloam, conectada com o riacho de Kidron. Sobre a fonte há uma ampla estrutura que data do tempo de nossos antepassados, mas pouca água é aí encontrada e o povo de Jerusalém bebe na maior parte água da chuva, que coleta em cisternas em suas casas. Do vale de Iehoschafat ascende-se ao monte das Oliveiras. É o vale que separa Jerusalém do monte das Oliveiras. Do Monte das Oliveiras avista-se o mar de Sodom (mar Morto), e a uma distância de duas parasangas do mar de Sodom fica o Pilar de Sal em que a mulher de Lot foi convertida; as ovelhas lambem-no continuamente, mas depois ele retoma seu formato original. O país inteiro da planície e o vale de Schitim até o monte Nebo são visíveis dali.

Em frente de Jerusalém ergue-se o monte Tzion, sobre o qual não há nenhuma edificação, exceto um local de culto pertencente aos cristãos. Diante de Jerusalém, a uma distância de três milhas, encontram-se os cemitérios pertencentes aos israelitas, que nos velhos tempos sepultavam seus mortos em cavernas, e sobre cada sepultura há uma inscrição datada, mas os cristãos destruíram os sepulcros, empregando as pedras destes para construir suas casas. Essas sepulturas vão tão longe que chegam a Zelzá, no território de Benjamin. Em volta de Jerusalém há altas montanhas.

No monte Tzion encontram-se as sepulturas da casa de David e as sepulturas dos reis que governaram depois dele. O local exato não pode ser identificado, porquanto há cinquenta anos uma parede da igreja do monte Tzion desmoronou. O patriarca mandou que o supervisor retirasse as pedras dos velhos muros e restaurasse com elas a igreja. Ele assim o fez, e contratou trabalhadores a salário fixo; e havia vinte homens que trouxeram as pedras da base do muro de Tzion. Entre esses homens, havia dois que eram amigos jurados. Certo dia um foi visitar o outro; após o repasto, retornaram ao trabalho; então o supervisor lhes disse: "Por que vocês demoraram hoje?" Eles responderam: "Por que precisa queixar-se? Quando nossos companheiros de serviço forem ter sua refeição, nós faremos o nosso trabalho". Quando chegou a hora do jantar e os outros trabalhadores foram para a sua refeição, eles examinaram as pedras e levantaram certa rocha que formava a entrada de uma caverna. Depois disso, um disse ao outro: "Vamos entrar e ver se algum dinheiro pode ser lá encontrado". Eles entraram na caverna e alcançaram uma grande câmara assentada sobre pilares de mármore revestidos de prata e ouro. Em frente havia uma mesa de ouro e um cetro e uma coroa. Essa era a sepultura do rei David. À esquerda dela, de maneira parecida, achava-se o sepulcro do rei Salomão; depois, seguiam-se as tumbas dos reis de Judá que foram sepultados ali. Havia também lá cofres fechados, cujo conteúdo nenhum homem conhece. Os dois homens tentaram entrar na câmara, quando um vento furioso irrompeu vindo da entrada da caverna e os golpeou e eles tombaram por terra como se estivessem mortos, e lá ficaram estendidos até a noite. E soprou um vento como uma voz humana, bradando: "Levantem-se e saiam deste lugar!" De modo que os homens precipitaram-se para fora, tomados de terror, e foram procurar o patriarca, e relataram-lhe essas coisas. Diante disso, o patriarca mandou chamar o R. Abraão, el Constantini, o piedoso recluso, que era um dos pranteadores de Jerusalém, e contou-lhe todas essas coisas de acordo com o relato dos dois homens que haviam saído da câmara. Então R. Abraão replicou, "Estes são os sepulcros da casa de David; eles pertencem aos reis de Judá, e amanhã vamos entrar os dois, eu e vós, e descobrir o que há ali". E no dia seguinte mandaram chamar os dois homens e encontraram cada um deles deitado em sua cama, tomado de terror, e os homens disseram, "Nós não vamos entrar lá, pois o Senhor não deseja mostrá-lo a nenhum homem". Então o patriarca deu ordens para que o lugar fosse vedado e oculto à vista humana até este dia. Tais coisas me foram contadas pelo dito R. Abraão.

De Jerusalém são duas parasangas até Betlehem [Belém], chamada pelos cristãos Bet-Leon, e perto dali, a uma distância de cerca de meia milha, na bifurcação do caminho, encontra-se o pilar do túmulo de Raquel, que é formado de onze pedras, correspondentes ao número de filhos de Jacob. Em cima é uma cúpula que repousa sobre quatro colunas, e todos os judeus que passam por ali gravam seu nome nas pedras do pilar. Em Betlehem há dois tintureiros judeus. É uma terra de cursos de água e ela contém poços e fontes.

A uma distância de seis parasangas fica Santo Abram de Bron, que é Hebron; a cidade velha erguia-se sobre a montanha, mas está agora em ruínas; e no vale junto ao campo da Makhpelá encontra-se a atual cidade. Ali se acha a grande igreja denominada santo Abram, e este era um sítio judaico de culto religioso no tempo do domínio maometano, mas os gentios erigiram seis tumbas, chamadas de Abraão e Sara, Isaac e Rebeca, Jacob e Lea, respectivamente. Os guardiões dizem aos peregrinos que estas são as tumbas dos patriarcas, informação pela qual os peregrinos lhes dão dinheiro. Se aparece um judeu, entretanto, e oferece uma recompensa especial, os guardiões da caverna abrem-lhe um portão de ferro, e lhe é dado então descer mais abaixo por meio de escadas, segurando uma lanterna acesa na mão. Ele então chega a uma caverna, na qual não há nada, e a uma caverna mais adiante, igualmente vazia, mas quando chega à terceira caverna vê que há ali seis sepulcros, os de Abraão, Isaac e Jacob, respectivamente em face dos de Sara, Rebeca e Lea. E sobre os túmulos há inscrições gravadas na pedra. Sobre o túmulo de Abraão está gravado: "Esta é a tumba de Abraão"; sobre o de Isaac: "Esta é a tumba de Isaac, o filho de Abraão nosso Pai"; sobre o de Jacob: "Esta é a tumba de Jacob, o filho de Isaac, o filho de Abraão nosso Pai"; e sobre os outros: "Esta é a tumba de Sara", "Esta é a tumba de Rebeca", e "Esta é a tumba de Lea". Uma lâmpada arde dia e noite sobre as sepulturas na caverna. Encontram-se lá muitas urnas cheias de ossos de israelitas, pois os membros da casa de Israel costumavam levar os ossos de seus pais para lá e depositá-los ali, o que fazem até hoje.

Depois do campo da Makhpelá fica a casa de Abraão; lá existe um poço em frente da casa, mas por reverência ao patriarca Abraão a ninguém é permitido construir na vizinhança.

De Hebron são cinco parasangas até Beit Jibrin, que é Mareschá, onde vivem apenas três judeus. Três parasangas adiante, a gente alcança São Samuel de Schiló. Essa é a Schiló que dista duas parasangas de Jerusalém. Quando os cristãos capturaram Ramlah, a Rama dos velhos tempos, dos maometanos, eles encontraram lá o túmulo de Samuel, o ramatita, perto de uma sinagoga judaica. Os cristãos pegaram os restos, os transportaram para Schiló, e erigiram em cima deles uma grande igreja, e a denominaram de São Samuel de Schiló até esse dia[42].

42   Considerava-se, no tempo dos cruzados, que Schiló ocupava o sítio de Mitzpé, a mais alta montanha perto de Jerusalém, em que eram realizadas as assembleias do povo no tempo dos Juízes. A presente mesquita está dilapidada, mas a infraestrutura, que data do período dos francos, continua belamente inteira. A abside está▸

De lá são três parasangas até Mahomerie-le-Petit, que é a G(u)ibeá de Saul, onde não há nenhum judeu, e essa é a G(u)ibeá de Benjamin. Dali, três parasangas até Beit Nuba, que é Nob, a cidade de sacerdotes. No meio do caminho há os dois penhascos de Jonatan, sendo o nome de um Bozez e o nome do outro Sené[43]. Dois tintureiros judeus residem lá.

São três parasangas até Rams, ou Ramleh, onde existem restos das muralhas dos tempos de nossos antepassados, pois assim está escrito sobre as pedras. Cerca de trezentos judeus moram lá. Ela era outrora uma cidade muito grande; a uma distância de duas milhas há um grande cemitério judeu[44].

Dali são cinco parasangas até Iafa ou Jafa, que fica à beira-mar, e um tintureiro judeu vive ali. De lá são cinco parasangas até Ibelin ou Iavne, a sede da Academia, mas não há judeus lá hoje em dia. Até esse ponto estende-se o território de Efraim.

De lá são cinco parasangas até Palmid, que é a Aschdod dos filisteus, agora em ruínas; não há judeus morando lá.

› de pé. A reputada tumba de Samuel encontra-se no lado ocidental do Templo. Ela ainda é denominada Nabi Sanwill e venerada igualmente por judeus e muçulmanos.

43 Beit-Nuba próxima de Ramleh tem sido identificada, sem prova, com Nob. Ricardo Coração de Leão acampou aí cerca de vinte cinco anos após a visita de Benjamin. O rei inglês, com o exército dos cruzados, passou por Ibelin no seu caminho para Askelon [Ascalon].

44 Ramleh não existia nos tempos bíblicos – ela foi fundada em 716. Prosperou em tal medida que se tornou tão grande quanto Jerusalém, tendo sido bastante danificada por um terremoto ocorrido 1033. Ramleh abrigava grande população muçulmana, e os judeus permaneceram lá, não sendo molestados, comparativamente, pelos Cruzados. Esse último fato explica o número um tanto grande de judeus que lá residiam.

Dali são duas parasangas até Aschkeloná ou Nova Askelon, que Ezra, o sacerdote, construiu junto ao mar. Foi originalmente denominada Bene Berak. O lugar dista quatro parasangas da antiga cidade em ruínas de Askelon. A Nova Askelon é um lugar amplo e agradável e ali chegam mercadores de todos os quadrantes, pois está situada na fronteira com o Egito. Cerca de duzentos judeus rabanitas habitam ali, à sua testa encontram-se R. Tzemakh, R. Aarão e R. Salomão; há também cerca de quarenta caraítas e cerca de trezentos *cutim*. No meio da cidade há um poço, que eles chamam Bir Abraão; esse, o Patriarca o escavou no tempo dos filisteus.

Dali é um dia de jornada até São Jorge de Ludd – dali é um dia e meio até Zerin ou Jezreel, onde há uma grande fonte. Um tintureiro judeu vive ali. Três parasangas adiante fica Safuryia ou Sefóris. Ali se acham os túmulos de *rabeinu Hakadosch* (R. Judá, o Príncipe)[45], de Raban Gamaliel e de R. Khiya, que veio da Babilônia, também de Ioná, o filho de Amitai; eles todos estão sepultados na montanha. Muitas outras tumbas judaicas se encontram ali.

Dali são cinco parasangas até Tiberias [Tiberíades], que está situada sobre o Jordão, que é ali chamado o mar do Kineret. O Jordão, nesse lugar, flui através de um vale entre duas montanhas, e enche o lago, que é chamado o lago de Kineret; é uma grande e ampla porção de água, como o mar. O Jordão corre entre duas montanhas, e sobre a planura, que é chamada Aschdot Hapisgá, e dali

---

45 *Rabeinu Hakadosch*, "nosso sagrado rabi", refere-se ao R. Iehudá, o Príncipe, o patriarca da comunidade judaica no III século da nossa era; foi o compilador da *Mischná*, o compêndio rabínico da Lei Oral.

continua o seu curso até cair no mar de Sodom, que é o mar salgado. Em Tiberias há cerca de cinquenta judeus, estando à sua testa R. Abraão, o astrônomo, R. Mukhtar e R. Isaac. Há águas quentes ali, que sobem borbulhando do chão, e elas são denominadas "as Águas Quentes" de Tiberias. Muito perto fica a sinagoga de Caleb ben Iefuné e sepulcros judaicos. R. Iokhanan ben Zakai e R. Iehudá Halevi estão ali sepultados. Todos esses lugares situam-se na Baixa Galileia.

De lá são dois dias (de viagem) até Tymin ou Timnatá, onde Simão, o Justo e muitos israelitas foram enterrados, e dali são três parasangas até Medon ou Meron. Na vizinhança, há uma caverna em que estão os sepulcros de Hilel e Schamai. Ali também se encontram vinte sepulturas de discípulos, inclusive os de R. Benjamin ben Jafet, e de R. Iehudah ben Betera. De Meron são duas parasangas até Almah, onde vivem cerca de cinquenta judeus. Há um grande cemitério judeu ali, com os sepulcros de R. Eleazar ben Arak, de R. Eleazar ben Azariá, de Khuni Hamaagal, de Raban Simeão ben Gamaliel e de R. José Hag(u)elili.

Dali é meio dia de viagem até Kades, ou Kedesch Naftali, sobre o Jordão. Ali se encontra a sepultura de Barak, o filho de Abinoam. Nenhum judeu mora ali.

De lá leva um dia de jornada até Banias, que é Dan, onde há uma caverna, da qual o Jordão brota e flui por uma distância de três milhas, quando o Arnon, que vem das bordas de Moab, se une a ele. Em frente à caverna pode-se discernir o sítio do altar associado à imagem esculpida de Micá, que os filhos de Dan cultuavam nos dias antigos. Esse também é o sítio do altar de Jeroboão, onde o bezerro de ouro foi erigido. Até aí chega a fronteira da terra de Israel até o extremo mar.

Dois dias de viagem levam a pessoa até Damasco, a grande cidade, que é o começo do império de Nur-ed-din, o rei dos togarmim, chamados de turcos. É uma bela cidade de grande extensão, cercada de muralhas, com muitos jardins e plantações, que se estende por cinquenta milhas em cada lado, e nenhum distrito mais rico em frutas pode ser visto em todo o mundo. Do monte Hermon descem os rios Amana e Farpar; pois a cidade está situada ao pé do monte Hermon. O Amana flui através da cidade e, por meio de aquedutos, a água é conduzida às casas das pessoas gradas, e às ruas e praças de mercado. O Farpar corre por entre seus jardins e plantações. Esse é um lugar que promove comércio com todos os países. Há ali uma mesquita dos árabes denominada Gami de Damasco; não

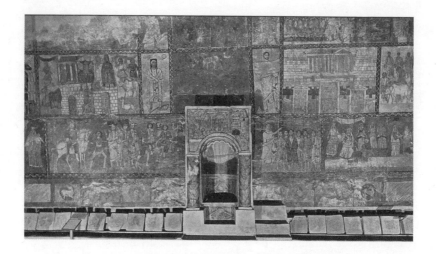

há construção como essa em todo o mundo, e eles dizem que era um palácio de Ben Hadad. Ali há uma parede de cristal de mágico lavor, com aberturas de acordo com os dias do ano, e quando os raios do sol entram em cada uma delas, na sucessão diária, as horas do dia podem ser ditas por um *dial* graduado. No palácio há aposentos de ouro e vidro e, se as pessoas caminham ao redor da parede, elas podem ver umas às outras, embora a parede esteja entre elas. E há colunas revestidas de ouro e prata, e há colunas de mármore de todas as cores. E no átrio há uma cabeça gigantesca revestida de ouro e prata e moldada como uma tigela com bordas de ouro e prata. Ela é tão grande como um barril e três homens podem entrar nela ao mesmo tempo para banhar-se. No palácio pende uma costela de um dos gigantes, tendo o comprimento de nove cúbitos, e a largura de dois cúbitos e eles dizem que pertenceu ao rei anak, dos gigantes dos tempos antigos, cujo nome era Abramaz. Pois assim foi encontrado inscrito em seu túmulo, no qual também estava escrito que ele imperou sobre todo o mundo. Três mil judeus[46] moram nessa cidade, e entre eles há homens cultos e ricos. O cabeça da Academia[47] da terra de Israel reside aí. Seu nome é R. Azariá, e com ele estão o seu irmão, Sar Schalom, o cabeça do Beit Din; R. Iossef[48], o quinto[49] da Academia; R. Mazliakh, o pregador[50], o cabeça da ordem; R. Meir, a coroa dos eruditos[51]; R. Iossef ben Al Pilath, o pilar da Academia; R. Heman, o guardião; R. Tzedekiá, o médico. Uma centena de caraítas aí reside, bem como quatrocentos *cutim*, e há paz entre eles, mas não se casam entre si.

É de um dia a viagem até Galid, que é G(u)ilead, e há sessenta israelitas lá, estando à sua testa R. Tzadoc, R. Isaac e R. Salomão. É um lugar de vasta extensão, com riachos d'água, jardins e plantações. Dali é metade de um dia até Salkat, que é Salkhá de antes.

Dali é meio dia de jornada até Baalbec, que é Baalath nas planuras do Líbano, e que Salomão edificou para a filha do faraó. O palácio foi construído com grandes pedras, tendo cada pedra o comprimento de vinte

---

46   Petakhia ben Iaakov de Ratisbona, viajante judeu do fim do século XII, estima em 19 mil a população judaica de Damasco. Isso confirma a opinião, já expressa anteriormente, de que Benjamin, na contagem, se refere apenas aos chefes de família.

47   Em hebraico, *rosch ieschivá*, designa a liderança religiosa das comunidades judaicas na Terra de Israel. Na Babilônia, a referência é aos reitores das Academias que redigiram o *Talmud*.

48   Beit Din, corte de justiça que julgava as causas civis e religiosas.

49   O quinto da academia, na ordem de sucessão do cabeça da Academia.

50   Pregador, cabeça da Ordem, título honorífico que indica a condição de pregador e, ao mesmo tempo, de mestre de estudos da Academia.

51   Coroa dos eruditos, título honorífico do mestre da academia.

cúbitos e a largura de doze cúbitos, e não há espaço entre as pedras. Dizem que o próprio Aschmedai pode ter erigido esse edifício. Da parte alta uma grande fonte apresenta-se e flui para o centro da cidade como uma larga corrente e, por isso, ao seu longo, há moinhos, jardins e plantações no meio da cidade. Em Tarmod (Tadmor) no deserto, que Salomão construiu, há também estruturas similares, de pedras imensas. A cidade de Tarmod está cercada de muralhas; situa-se no deserto, bem longe de lugares habitados, e fica a quatro dias de jornada de Baalath, há pouco mencionada. E em Tarmod há cerca de dois mil judeus. Eles são valentes na guerra e na luta com os cristãos e os árabes, que recentemente ficaram sob o domínio de Nur-ed-din, o rei, e eles ajudam seus vizinhos, os ischmaelitas. À sua frente estão R. Isaac Hajvani, R. Natan e R. Uziel.

De Baalbec a Karjaten, que é Kirjathim, há uma distância de meio dia; lá não vivem judeus, exceto um tintureiro. De lá é um dia de viagem até Emesa[52], que é a cidade dos zemaritas, onde moram cerca de vinte judeus. Daí é

52 A importante cidade de Emesa, agora chamada Homs, é provavelmente a que está aqui indicada. Na Escritura, *Gênesis* 10, 18, os zemaritas e os hamatitas estão juntos, agrupados entre as famílias canaanitas. Nesse distrito encontra-se a fonte intermitente de *Fuwar ed-Der*, o rio Sabation da Antiguidade, que Tito visitou após a destruição de Jerusalém. Josefo (*Guerras dos Judeus*, l. VII, sec. 5) descreve-a como segue: "Sua corrente é forte e tem muita água; depois que suas fontes se esgotam por seis dias seguidos e deixam seus leitos secos, como qualquer pessoa pode ver; após os referidos dias, ele corre no sétimo dia como antes, e como se não tivesse sofrido nenhuma mudança em geral. Também se observou que mantém essa ordem perpétua e exatamente". A ação intermitente é prontamente explicada pelo fato de a corrente ter cavado um duto subterrâneo, que atua qual um sifão.

um dia de viagem até Hamah, que é Hamate[53]. Ela fica à margem do rio Jabok, ao pé do monte Líbano. Há algum tempo houve um grande terremoto na cidade e 25 mil almas pereceram em um dia e, de cerca de duzentos judeus, apenas setenta escaparam. À sua frente estão R. Eli Hacohen e o xeque Abu Galib e Mukhtar. Dali é meio dia até Scheizar, que é Hazor, e de lá são três parasangas até Dimin (Latmin).

De lá são dois dias até Haleb (Alepo) ou Aram Zoba, que é a cidade real de Nur-ed-din. No meio da cidade fica seu palácio rodeado por uma muralha muito alta. Esse é um lugar muito grande. Não há ali nem poço nem rio, mas seus habitantes bebem água da chuva, possuindo cada qual uma cisterna em sua casa. A cidade tem cinco mil

---

53 Hamate [Hama] é amiúde mencionada na Escritura e situa-se a uma distância não muito grande do Orontes. Nos tempos turbulentos após a Primeira Cruzada, a cidade foi tomada pelos ismailianos ou Assassinos. O terremoto de 1157 causou grandes danos. Vinte anos mais tarde o lugar foi capturado por Saladino.

habitantes judeus, estando à sua testa R. Moisés el Constantini e R. Seth. Daí são dois dias até Balis, que é Pethor sobre o rio Eufrates, e onde até o dia de hoje se ergue a torreão de Balaam, que ele construiu para dizer as horas dos dias. Cerca de dez judeus vivem ali. De lá é meio dia de viagem até Kalat Jabar, que é Selah do deserto, que foi deixada pelos árabes no tempo em que os togarmim tomaram sua terra e os obrigaram a fugir para o deserto. Cerca de dois mil judeus residem lá, estando à sua frente R. Tzedekiá, R. Khiya e R. Salomão.

De lá é um dia de viagem até Rakka[54], ou Salkhá, que fica nos confins da terra de Schinar, e que divide a terra dos togarmim e aquele reino. Nela há setecentos judeus, à cuja frente se acham R. Zakkai e R. Nedib, que é cego, e R. Iossef. Há uma sinagoga ali, erigida por Ezra quando saiu da Babilônia para Jerusalém. A dois dias de distância encontra-se a antiga Harran, onde vivem vinte judeus. Ali há outra sinagoga erigida por Ezra, e nesse lugar ficava a casa de Terakh e Abraão, seu filho. O terreno não está coberto por nenhuma edificação e os maometanos honram o local e vem ali rezar.

De lá é uma jornada de dois dias até Ras-al-Ain, de onde procede o rio El Khabur – o Habor de outrora – que corre através da terra da Média, e desemboca no rio Gozan. Ali há duzentos judeus. Dali são dois dias até Gizeret Ibn Omar, que está cercada pelo rio Hidekel (Tigre), ao pé das montanhas de Ararat.

---

54 Rakka fica na margem esquerda do Eufrates. Era uma importante cidade da Alta Mesopotâmia dominando a fronteira síria. Salchah situa-se em Hauran. No lado direito do Eufrates, oposto a Rakka, erguia-se a cidade de Thapsacus. Nesse local, Ciro vadeou o rio e Alexandre o transpôs, ao perseguir Dario.

É de quatro milhas a distância até o lugar onde a arca de Noé[55] parou, mas Omar ben Al Khataab tirou a arca de entre as duas montanhas e a converteu em uma mesquita para os maometanos. Perto da arca fica a sinagoga de Ezra até o dia de hoje, e no nono dia de Ab os judeus vão da cidade até lá para rezar. Na cidade de Gizeret Omar há quatro mil judeus, estando à sua testa R. Mubkhar, R. Iossef e R. Khiya.

Dali são dois dias até Mossul, que é Assur, a Grande, e ali residem cerca de sete mil judeus, tendo à sua frente R. Zakkai, o Nassi[56], da semente de David, e R. Iossef, alcunhado Burhan-al-Mulk, o astrônomo do rei Sin-ed-din, o irmão de Nur-ed-din, rei de Damasco. Mossul é a cidade-fronteira da terra da Pérsia. É uma cidade muito grande e antiga, situada à margem do rio Hidekel (Tigre), e está ligada a Nínive por meio de uma ponte. Nínive acha-se em ruínas, mas em meio às ruínas há aldeias e povoados, e a extensão da cidade pode ser determinada pelas muralhas, que se estendem por quarenta parasangas até a cidade de Irbil. A cidade de Nínive fica à margem do rio Hidekel. Na cidade de Assur (Mossul) fica a sinagoga de Obadiá, construída por Ioná; também a sinagoga de Naum, o Elkoschita.

De lá, é uma distância de três dias até Rahbah, que fica junto ao rio Eufrates. Vivem aí cerca de dois mil judeus, estando à sua testa R. Hezekiá, R. Tahor e R. Isaac. É uma cidade muito bonita, grande e fortificada, rodeada de jardins e plantações.

55 Josefo menciona que a arca de Noé ainda existia em seu tempo. R. Petakhia, que viajou pela Armênia vinte anos depois de Benjamin, fala de quatro picos de montanha, entre os quais a Arca ficou presa e de onde não pôde se soltar.

56 *Nassi*, "príncipe", título assumido pelos membros das famílias dos exilarcas, que se diziam descendentes do rei Davi.

Dali é um dia de jornada até Karkisyia que é Carchemisch, à beira do rio Eufrates. Ali vivem cerca de quinhentos judeus, à cuja frente estão R. Isaac e R. Elkhanan. De lá são dois dias até El-Anbar que é Pumbedita em Nehardeia. Ali residem três mil judeus, e entre eles há homens instruídos, à cuja frente estão o rabino-chefe R. Chen, R. Moisés e R. Iehoiakim. Ali se encontram os túmulos de R. Iehuda e Samuel, e defronte às sepulturas de cada um deles erguem-se as sinagogas que construíram em vida. Ali se acham também o túmulo de Bostanai, o Nassi, o cabeça do Cativeiro (o exilarca) e de R. Natan e R. Nakhman, o filho de Papa.

Dali são cinco dias até Hadara, onde moram cerca de quinze mil judeus, estando à sua testa R. Zaken, R. Iehosef e R. Netanel.

De lá leva dois dias até Okbara, a cidade que Ieconiá (Jeconias), o rei, edificou, onde há cerca de dez mil judeus, e à sua testa se encontram R. Khanan, R. Iabin e R. Ischmael.

Dali são dois dias até Bagdá, a grande cidade e a residência real do califa emir Al Muminim Al Abasi da família de Maomé. Ele é o cabeça da religião maometana e todos os reis do Islã lhe obedecem; ele ocupa uma posição similar ao do papa sobre os cristãos[57]. Ele tem um palácio em Bagdá de três milhas de extensão, em que há um grande parque com todas as variedades de árvores, frutíferas e de outras mais, e todas as espécies de animais. O conjunto é rodeado de uma muralha, e no parque há um lago cujas águas são alimentadas pelo rio Hidekel. Sempre que o rei deseja entregar-se à recreação e alegrar-se e festejar, seus

---

57 A referência aqui é aos cavaleiros do Hospital de São João e aos Templários.

servidores apanham todas as espécies de pássaros, caças e peixes, e ele vai ao seu palácio com seus conselheiros e príncipes. Lá, o grande rei Al Abasi, o califa (Hafiz), celebra sua corte, e ele é bondoso com Israel e muitos que pertencem ao povo de Israel são seus acompanhantes; ele conhece todas as línguas e é bem versado na lei de Israel. Ele lê e escreve na língua sagrada (hebraico). Ele não partilha de nenhuma coisa a não ser que a haja ganhado com o trabalho de suas próprias mãos. Ele faz colchas às quais apõem seu selo; seus cortesãos vendem-nas no mercado, e os grandes do país as compram, e dos produtos dessa venda provêm seu sustento. Ele é confiante e confiável, sua fala é de paz para todos os homens. Os homens do Islã o veem apenas uma vez por ano. Os peregrinos que vêm de terras distantes, para ir a Meca, que fica na terra de El-Yemen, anseiam ver a sua face e reúnem-se diante do palácio exclamando: "Nosso Senhor, luz do Islã e glória de nossa Lei, mostra-nos a fulgência de teu semblante" – mas ele não dá atenção às suas palavras. Então os príncipes que são seus ministros dizem-lhe: "Nosso Senhor, difunde tua paz sobre os homens que vieram de terras distantes, que almejam abrigar-se sob a sombra de tua benevolência". Em consequência disso, ele se ergue e deixa cair da janela a fímbria de sua túnica e os peregrinos vêm e beijam-na, e um príncipe lhes diz: "Ide em paz, pois nosso

mestre, o senhor do Islã, concedeu paz a todos vós". Ele é considerado por eles Maomé, e eles voltam para suas casas rejubilando-se com a saudação que o príncipe se dignou a outorgar-lhes e contentes por terem beijado a sua túnica. Cada um de seus irmãos e membros de sua família tem uma morada em seu palácio, mas eles estão todos agrilhoados em cadeias de ferro e guardas permanecem postados em torno de suas casas, de modo que não possam se levantar contra o grande califa. Pois aconteceu uma vez que seus irmãos se ergueram contra ele e proclamaram um deles como califa; então foi decretado que todos os membros de sua família devem ser acorrentados, de modo que não possam levantar-se contra o califa reinante. Cada um deles reside em seu palácio em grande esplendor, e eles são donos de aldeias e cidades, e seus intendentes lhes trazem tributos daí provenientes, e eles comem e bebem e regozijam-se todos os dias de suas vidas.

Dentro dos domínios do palácio do califa há grandes edifícios de mármore e colunas de prata e ouro, e cinzeladuras em pedras raras estão fixadas nas paredes. No palácio do califa há grandes riquezas e torres cheias de ouro, vestes de seda, e todas as pedras preciosas. Ele não sai de seu palácio, salvo uma vez por ano na festa que os maometanos chamam El-id-bed Ramazan, e eles vêm de terras distantes nesse dia para vê-lo. Ele aparece montado em uma mula e envergando as vestes reais de ouro e prata e finos linhos; sobre a cabeça traz um turbante adornado de pedras preciosas de valor inestimável, e sobre o turbante, um xale preto como um signo de sua modéstia, implicando que toda essa glória será coberta de trevas no dia da morte. Ele é acompanhado por todos os nobres do Islã trajados em belas vestimentas e montando ginetes, os príncipes da Arábia, os príncipes de

Togarma e Daylam (G(u)ilan), e os príncipes da Pérsia, Média e Ghuz, e os príncipes da terra do Tibete, que dista três meses de jornada, e a oeste da qual se localiza o país de Samarcanda. Ele segue de seu palácio para a grande mesquita do Islã, que fica junto da Porta de Basrah. Ao longo do caminho, as paredes estão adornadas de seda e púrpura, e os habitantes o recebem com todos os tipos de canto e exultação, e eles dançam diante do grande rei que é intitulado "o califa". Saúdam-no em alta voz e dizem: "Paz para ti, nosso senhor, o rei e luz do Islã!" Ele beija sua túnica e, estendendo sua fímbria, saúda-os. Então prossegue para o pátio da mesquita, sobe em um púlpito de madeira e expõem-lhes a Lei deles. Depois, os eruditos do Islã levantam-se e rezam por ele e louvam sua grandeza e bondade, às quais todos eles respondem. Em seguida, ele lhes dá sua bênção, e eles lhe trazem um camelo que ele mata, e esse é o sacrifício de páscoa deles. Ele dá partes disso aos príncipes e eles as distribuem a todos, de modo que possam provar do sacrifício efetuado por seu sagrado rei; e eles se rejubilam. Depois, ele deixa a mesquita e volta sozinho ao seu palácio pelo caminho do rio Hidekel, e os grandes do Islã o acompanham em barcos no rio até que ele entra no seu palácio. Ele não retorna pelo caminho que veio; e a estrada que toma ao longo da margem do rio é vigiada o ano inteiro, de modo que nenhum homem possa seguir-lhe os passos. Ele não deixa o palácio de novo durante um ano inteiro. Ele é um homem benevolente.

Ele construiu, no outro lado do rio, nas ribanceiras de um braço do Eufrates que bordeja a cidade, um hospital composto de blocos de casas e hospícios para doentes pobres que vêm para serem curados. Ali há cerca de sessenta armazéns de remédios que são abastecidos pela casa do califa com drogas e tudo o mais que possa ser necessário. Todo enfermo que chega é mantido a expensas do califa e é medicamente tratado. Ali existe um edifício chamado Dar-al-Maristan, onde eles tomam conta das pessoas dementes que se tornaram insanas nas cidades, no curso do grande calor no verão, e eles acorrentam cada uma delas em cadeias de ferro até que sua razão torne a restaurar-se na época do inverno. Enquanto permanecem lá, são providas de comida pela casa do califa, e quando sua razão é restaurada elas são dispensadas e cada uma vai para sua casa e para seu lar. É dado dinheiro àquelas que se alojaram nos hospícios quando retornavam às suas casas. A cada mês os funcionários do califa inquirem e investigam se elas reconquistaram a razão, caso em que são libertadas. Tudo isso o califa faz por caridade para com aqueles que vêm à cidade de Bagdá, estejam eles enfermos ou insanos. O califa é um homem justo e todas as suas ações são para o bem.

Em Bagdá há cerca de quarenta mil judeus e eles vivem em segurança, prosperidade e honra sob o grande califa; e entre eles há grandes sábios, os chefes das academias empenhadas no estudo da lei. Nessa cidade existem dez academias. À frente da Grande Academia está o rabino-mor R. Samuel, o filho de Eli. Ele, o *gaon Iaakov*[58], é o cabeça da academia. Ele é um levita, e faz remontar sua linhagem a Moisés, nosso mestre. O cabeça da segunda academia é R. Hanania, seu irmão, guardião dos levitas; R. Daniel é o reitor da terceira academia; R. Elazar, o erudito é o cabeça da quarta academia; e R. Elazar, o filho de Tzemakh, é o cabeça da ordem, e sua estirpe remonta a Samuel, o profeta, o coraíta. Ele e seus irmãos sabem cantar as melodias como os cantores no tempo em que o Templo estava em pé. Ele é o reitor da quinta academia. R. Hisdai, a glória

---

58 O título dos cabeças das Academias de Sura e Pumbedita era *Rosch Ieschivá Gaon Iaakov* (Cabeça da Academia Orgulho de Jacó). Cada *gaon* dispunha de autoridade sobre um amplo domínio administrativo. Os *gaonim* eram as mais altas autoridades do judaísmo no tempo do Califado. Tinham o poder de sentenciar e adjudicar casos, de indicar – por meio de cartas pastorais – juízes para as comunidades no vasto domínio do império islâmico, de estimular o debate legislativo sobre questões rituais e de prover o sustento material de suas academias. Eles não eram eleitos, porém nomeados por uma elaborada forma de sucessão. Benjamin alude a isso quando fala em "segundo ou quinto na linha sucessória". Título análogo era atribuído aos seus pares equivalentes nas academias da Terra Santa.

dos doutos, é o cabeça da sexta academia. R. Haggai é o cabeça da sétima academia. R. Ezra é o cabeça da oitava academia. R. Abraão, que é chamado Abu Tahir, é o cabeça da nona academia. R. Zakkai, o filho de Bostanai, o Nassi, é o cabeça da Sium (a décima). Estes são os dez *batlanim*, e eles não se dedicam a nenhum outro trabalho salvo à administração comunal; e todos os dias da semana eles julgam os judeus, seus conterrâneos, exceto no segundo dia da semana, quando todos eles comparecem perante o rabino--mor, Samuel, o *Rosch ieschivá gaon Iaakov*, que, em conjunto com os outros *batlanim*[59], julga todos os que comparecem diante dele. E o cabeça de todos eles é Daniel, o filho de Hisdai, que é intitulado "Nosso senhor, o cabeça do Cativeiro de todo Israel". Ele possui um livro de linhagens que remontam bem longe, até David, rei de Israel. Os judeus chamam-no "Nosso senhor, cabeça do Cativeiro" (exilarca)[60], e os maometanos chamam-no, "saidna ben Daoud", e ele foi investido de autoridade sobre todas as congregações de Israel que estão nas mãos do emir al Muminin, o senhor do Islã. Pois foi assim que Maomé ordenou, no tocante a ele e a seus descendentes; e outorgou-lhe o selo da investidura sobre todas as congregações que vivem sob o seu governo, ou pertencentes a qualquer outra nação em seu domínio, e ordenou que cada um, maometano ou judeu, devia levantar-se diante dele (o Exilarca) e saudá-lo,

---

59 *Batlanim*, plural de *batlan*, "ocioso". No texto, o termo é usado em um contexto específico que designa eruditos sem ocupação material que dedicam todo o seu tempo ao estudo dos livros talmúdicos.

60 *Resch Galuta* em aramaico, exilarca. Título hereditário do chefe da comunidade judaica da Babilônia no tempo do Califado. Era o responsável pela administração do imposto que todos judeus eram obrigados a pagar e tinha poder de justiça sobre eles.

e que quem quer que se recusasse a erguer-se devia receber cem chibatadas[61].

E cada quinto dia, quando ele vai fazer uma visita ao grande califa, cavaleiros gentios, bem como judeus o escoltam, e arautos proclamam com antecipação, "Abram caminho ao nosso Senhor, o filho de David, como lhe é devido", sendo estas as palavras árabes: "Amilu tarik la Saidna ben Daud". Ele monta um cavalo e está vestido em roupas de seda e bordadas, com um grande turbante sobre sua cabeça, e do turbante está suspenso um longo pano branco adornado com uma corrente sobre a qual está gravado o monograma de Maomé. Então ele se apresenta ao califa e beija a sua mão, e o califa levanta-se e o senta em um trono que Maomé ordenou que fosse feito para ele, e todos os príncipes maometanos que estão presentes na corte do califa erguem-se diante dele. E o cabeça do Cativeiro é sentado em seu trono defronte ao califa, em cumprimento da ordem de Maomé, a fim de dar efeito ao que está escrito na lei – "O cetro não deve abandonar Judá, nem um legislador de entre seus pés, até ele chegar a Schiló: e em torno dele há de se dar a reunião do povo". A autoridade do cabeça do Cativeiro estende-se sobre todas as comunidades de Schinar, Pérsia, Khurasan e Scheba que é o El-Yemen (Arábia), e Diyar Kalach (Bekr) e a terra de Aram Naharaim (Mesopotâmia), e sobre os moradores das montanhas do Ararat e da terra dos alanos[62]

---

61 O cargo de Exilarca havia sido apenas recentemente revivido. E o maometano aqui referido pode ter sido Moahamed el-Moktafi, o predecessor do califa Mostansched.

62 Os alanos ou alani, povo nômade de origem iraniana, que de início vivia entre o mar Cáspio e o rio Don. Forçados pelos hunos, migraram durante a Idade Média para a Europa Oriental e Ocidental, chegando à Península Ibérica, onde fundaram um reino ›

(Cáucaso), que é uma terra cercada de montanhas e não tem saída exceto pelas portas de ferro que Alexandre fez, mas que foram mais tarde quebradas. Aqui se encontra o povo chamado *alani*. Sua autoridade se estende também sobre a terra da Sibéria, e sobre as comunidades da terra dos togarmim e até as montanhas de Asveh e a terra de Gurgan, cujos habitantes são chamados gurganim que vivem junto ao rio G(u)ihon[63] (Oxus), e esses são os girgaschitas que seguem a religião cristã [nestorianos]. Mais adiante, estende-se, até as portas de Samarcanda, à terra do Tibete e à terra da Índia. Em respeito a todos esses países, o cabeça do Cativeiro dá às comunidades poder para designar rabis e ministros que vão ter com ele a fim de ser consagrados e receber sua autoridade. Trazem-lhe oferendas e presentes dos confins da terra. Ele possui hospedarias, pomares e plantações na Babilônia e em muita terra herdada de seus antepassados, e ninguém pode tirar- -lhe suas possessões à força. Ele tem uma renda fixada semanalmente proveniente das hospedarias dos judeus, dos mercados e dos mercadores, à parte do que lhe é trazido de terras longínquas. O homem é muito rico e versado nas Escrituras, bem como no *Talmud*, e muitos israelitas jantam à sua mesa todos os dias.

Em sua posse, o cabeça do Cativeiro dá muito dinheiro ao califa, aos príncipes e ministros. No dia em que o califa

---

› na Lusitânia e, mais tarde premidos pelos visigodos, alcançaram o África do Norte, lá estabelecendo com os vândalos um reino que foi extinto no século vi por Bizâncio.

63 Provavelmente o Oxus, denominado pelos árabes Gaihun. Rabad, dito o primeiro, é o acrônimo de rabi Abraão ibn Daud, filósofo, astrônomo e historiador judeu da Espanha do século xii e contemporâneo de Benjamin. Segundo ele, em seu *Sefer ha-Kabalah,* Livro da Tradição, a referência é aqui provavelmente aos nestorianos.

realiza a cerimônia de investi-lo da autoridade, ele vem na segunda das carruagens reais e é escoltado do palácio do califa à sua própria casa com adufes e pífaros. O exilarca indica os chefes das academias, colocando sua mão sobre a cabeça deles, dando-lhes assim posse no cargo. Os judeus da cidade são homens doutos e muito ricos.

Em Bagdá existem 28 sinagogas judaicas, situadas ou na própria cidade ou em Al-Karkh do outro lado do Tigre; pois o rio divide a metrópole em duas partes. A grande sinagoga do cabeça do Cativeiro tem colunas de mármore de várias cores revestidas de prata e ouro, e sobre essas colunas há sentenças do *Salmos* em letras de ouro. Em frente à arca há cerca de dez degraus de mármore; no degrau mais elevado encontram-se os assentos do chefe do Cativeiro e dos príncipes da casa de David. A cidade de Bagdá tem vinte milhas de circunferência, está situada em uma terra de palmeiras, jardins e plantações, cujo igual não se acha em toda a terra de Schinar. Para lá vem de todas as partes gente com mercadorias. Homens sábios vivem ali, filósofos que conhecem todas as maneiras de sabedoria e mágicos peritos em todas as maneiras de feitiçaria.

De lá são dois dias até Gazigan, que é chamada Resen. É uma grande cidade contendo cerca de cinco mil judeus. No meio dela está a sinagoga do Rabá[64] – uma grande sinagoga. Ele está enterrado perto dela e debaixo de seu sepulcro há uma caverna em que doze de seus pupilos estão sepultados. Dali é um dia de jornada até a Babilônia[65], que é a Babel de antigamente. As ruínas têm trinta milhas de extensão. As ruínas do palácio de Nebuchadnezar (Nabucodonosor) ainda podem ser vistas lá, mas as pessoas têm medo de entrar em seu interior devido às serpentes e escorpiões. Bem perto, no máximo a uma milha de distância, residem três mil israelitas que rezam na sinagoga do Pavilhão de Daniel, que é antigo e foi erigido por Daniel. É uma construção de pedra talhada e tijolos. Entre a sinagoga e o palácio de Nebuchadnezar fica a fornalha em que Hananiá, Mischael e Azariá

---

64 Trata-se de rabi Bar Nahmani, conhecido como Rabá, talmudista que viveu na Babilônia no século III, renomado por sua argúcia interpretativa.

65 A Babel dos tempos bíblicos foi capturada por Senaqueribe; depois de abrir o dique do Eufrates, a região ficou inundada e a cidade destruída. Nabucodonosor a restaurou e erigiu um magnífico palácio para si próprio – o Kasr – e o templo de Bel. Heródoto, no livro I, descreve por inteiro esses edifícios e frisa a enorme extensão da metrópole, que se estima ter um circuito de cinquenta milhas. Xerxes destruiu a cidade. Alexandre, o Grande, pensou em restaurar o templo de Bel, mas como a remoção do entulho demandasse o emprego de dez mil homens durante dois meses, ele abandonou o projeto. Adler, ainda acrescenta: os alemães recentemente exploraram essas ruínas. As paragens que regulavam o fluxo do Eufrates e do Tigre cederam e a região toda ao redor da Babilônia é pantanosa e sujeita à malária. Nas palavras de *Jeremias* I, 43: "Suas cidades são uma desolação, uma terra estéril e um deserto, um lugar onde nenhum homem mora."

foram atirados, e o sítio em que ela se encontra no vale é conhecido por todos.

Dali são cinco parasangas até Hilah, onde há 10 mil israelitas e quatro sinagogas: a de R. Meir, que está enterrado diante dela; a sinagoga de Mar Keschischa, que está enterrado diante dela; também a sinagoga de R. Zeiri, o filho de Khama; e a sinagoga de R. Mari – os judeus rezam aí todos os dias.

Dali são quatro milhas até a Torre de Babel, que a geração, cuja linguagem foi confundida, construiu com tijolos denominados Agur. O comprimento de sua fundação é de cerca de duas milhas, a largura da torre é de cerca de quarenta cúbitos e o comprimento desta é de duzentos cúbitos. A cada dez cúbitos de distância há rampas que envolvem a torre e pelas quais se pode ascender até o topo. Pode-se descortinar dali uma vista de vinte milhas de extensão, pois é uma terra plana. Ali caiu o fogo do céu no meio da torre, que rachou até o fundo.

De lá é meio dia de viagem até Kafri, onde há cerca de duzentos judeus. Encontra-se aí a sinagoga de R. Isaac Napcha, que está sepultado defronte dela. Dali são três parasangas até a sinagoga de Ezequiel, o profeta de abençoada memória, que fica junto ao rio Eufrates. Ela é fronteada por sessenta torreões e entre cada torreão há uma sinagoga menor, e no átrio da sinagoga está a arca, e na parte de trás da sinagoga fica o sepulcro de Ezequiel. Ele é encimado por uma grande cúpula e uma estrutura muito graciosa. Foi construído nos tempos antigos pelo rei Ieconiá, rei de Judá, e os 35 mil judeus que vieram com ele, quando Evilmerodakh o tirou da prisão. Esse lugar fica junto ao rio Chebar, de um lado, e do rio Eufrates, de outro, e os nomes de Ieconiá e daqueles que o acompanharam estão gravados na parede: Ieconiá no topo e Ezequiel na base. Esse lugar é tido como sagrado por Israel, como um santuário menor até o dia de hoje, e pessoas vêm de longe para ali rezar na época do Ano Novo até o Dia da Expiação. Os israelitas têm grandes comemorações nessas ocasiões. Para aí também vêm de Bagdá o cabeça do Cativeiro e os cabeças das academias. Seu campo ocupa o espaço de cerca de duas milhas e mercadores árabes vêm igualmente. Uma grande reunião, qual uma feira, tem lugar, é chamada Fera, e eles apresentam um rolo da Lei escrita sobre pergaminho por Ezequiel, o profeta, e fazem a leitura dela no Dia da Expiação. Uma lâmpada queima dia e noite sobre a sepultura de Ezequiel; a sua luz tem sido mantida acesa desde o dia em que ele próprio a acendeu, e eles renovam continuamente sua mecha e reabastecem o óleo até o presente dia. Uma grande casa pertencente ao santuário está cheia de livros, alguns dos quais datam do Primeiro Templo,

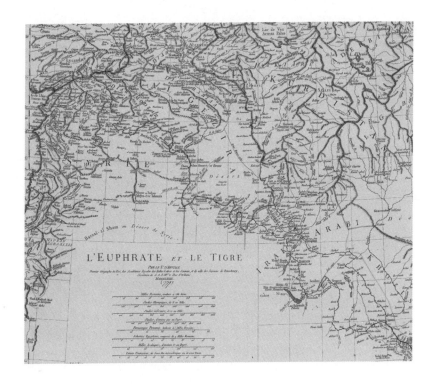

e alguns do tempo do Segundo Templo e aquele que não tem filhos consagra seus livros a esse uso. Os judeus que, das terras da Pérsia e da Média, vêm lá para orar, trazem o dinheiro que seus conterrâneos ofereceram à sinagoga de Ezequiel, o profeta. A sinagoga possui propriedades, terras e aldeias, que pertenceram ao rei Ieconiá, e quando Maomé veio, ele confirmou todos esses direitos à sinagoga de Ezequiel[66]. Maometanos ilustres também vão para ali

---

66 Esse Mohamed deve ser um predecessor do califa reinante, pois o Profeta nunca esteve na Babilônia e o referido califa nunca

rezar, tão grande é o amor que dedicam a Ezequiel, o Profeta; e eles a chamam de Bar (Dar) Melicha (A Morada da Beleza). Todos os árabes vão ali rezar.

A uma distância de cerca de meia milha da sinagoga acham-se as tumbas de Hananiá, Mischael e Azariá, e sobre elas há grandes cúpulas; e até em tempos de distúrbio ninguém se atreveria a tocar nos servidores maometanos ou judeus que cuidam do sepulcro de Ezequiel.

De lá são três milhas até a cidade de Kotsonat, onde há trezentos judeus. Ali se encontram os sepulcros de R. Papa, R. Huna, Iosef Sinai e R. Iosef ben Hama; e diante de cada um deles há uma sinagoga em que os israelitas rezam todos os dias. Dali são três parasangas até Ain Sifa, onde fica a sepultura do profeta Naum, o Elkoschita. De lá é um dia de jornada até Kefar Al-Keram, onde se encontram as tumbas de R. Khisdai, R. Azariá, R. Akiba e R. Dosa. Dali é meio dia de jornada até uma aldeia no deserto, onde foram enterrados R. David e R. Iehuda e Abaji, R. Kurdiá, R. Sekhora e R. Ada. De lá é um dia de jornada até o rio Raga, onde fica a sepultura do rei Tzedekiá. Sobre ela há uma grande cúpula. De lá é um dia de jornada até a cidade de Kufa, onde fica a sepultura do rei Ieconiá. Sobre ela há uma enorme estrutura e em frente desta há uma sinagoga. Lá vivem cerca de sete mil judeus. Nesse lugar fica a grande mesquita dos maometanos, pois ali está enterrado Ali ben abu Talib, o genro de Maomé, e os maometanos vêm ao seu túmulo.

Dali é um dia e meio até Sura, que é Mata Mehasya, onde os cabeças do Cativeiro e os cabeças das academias residiam primeiro. Ali fica o sepulcro de R. Scherira e R. Hai, seu filho, de abençoada memória. Também de R. Saadia

teria, em caso algum, concedido favores aos judeus.

Al-Fayumi e R. Samuel, o filho de Hofni Ha-Coehen, e de Tzefaniá, o filho de Cuschi, o filho de G(u)edaliá, o profeta, e dos príncipes da casa de David, e dos cabeças das academias, que lá viviam antes da destruição da cidade.

De lá são dois dias até Schafjathib. Ali há uma sinagoga que os israelitas construíram com a terra de Jerusalém e suas pedras, e eles a chamam de Schafjathib, que fica perto de Nehardea.

Dali é um dia e meio de jornada até El-Anbar, que era Pumbedita em Nehardea. Cerca de três mil judeus vivem lá. A cidade fica junto ao rio Eufrates. Ali se encontra a sinagoga de R. Samuel e sua casa de estudos, e defronte dela estão seus túmulos.

Dali são cinco dias até Hilah. Desse lugar é uma jornada de 21 dias pelos desertos até a terra de Saba, que é chamada a terra de El-Yemen, situada ao lado da terra de Schinar, que fica na direção norte.

Ali vivem os judeus denominados Kheibar, os homens de Teima. E Teima é a sede do governo onde R. Hanan, o Nassi, os rege. É uma grande cidade, e a extensão de sua terra é de dezesseis dias de jornada. Ela é rodeada de montanhas – as montanhas do Norte. Os judeus têm muitas cidades fortificadas. O jugo dos gentios não os prende. Eles empreendem expedições com o fim de pilhar e capturar botim de terras distantes em conjunto com os árabes, seus vizinhos e aliados. Esses árabes moram em tendas e fazem do deserto sua morada. Eles não possuem casas, e empreendem expedições para pilhar e capturar botim na terra de Schinar e El-Yemen. Todos os vizinhos dos judeus têm medo deles. Entre eles há lavradores e donos de gado; sua terra é extensa, e eles têm em seu meio homens doutos e sábios. Eles dão o dízimo de tudo o que possuem aos eruditos que se abancam na casa de estudos, também aos israelitas pobres e aos reclusos, que são os Pranteadores de Tzion e Jerusalém, e que não comem carne nem experimentam vinho, e se vestem de roupas pretas. Eles moram em cavernas ou casas subterrâneas, e jejuam todos os dias, com exceção dos sábados e das festividades, e imploram mercê ao Santíssimo, abençoado seja Ele, devido ao exílio de Israel, rezando para que Ele tenha piedade deles, e de todos os judeus, os homens de Teima, em consideração ao Seu grande Nome; também de Tilmas, a grande cidade, em que há cerca de cem mil judeus. Nesse lugar vive Salmão [Salomão], o Nassi, o irmão de Hanan, o Nassi; e a terra pertence aos dois irmãos, que são da semente de David, pois eles têm sua linhagem em um escrito. Eles endereçam suas questões ao cabeça do Cativeiro – seu parente em Bagdá – e jejuam quarenta dias no ano pelos judeus que vivem no exílio.

Há ali cerca de quarenta cidades grandes e duzentos povoados. A cidade principal é Tanai, e em todos os distritos juntos há perto de trezentos mil judeus. A cidade de Tanai é bem fortificada e no meio dela o povo semeia e colhe. Ela tem quinze milhas de extensão. Ali se encontra o palácio do Nassi chamado Salmão. E em Teima vive Hanan, o Nassi, irmão dele. É uma bela cidade, e ela contém jardins e plantações. E Tilmas é igualmente uma grande cidade; ela contém cerca de cem mil judeus. É bem fortificada, e situa-se entre duas grandes montanhas. Há homens sábios, judiciosos e ricos entre seus habitantes. De Tilmas até Kheibar são três dias de viagem. As pessoas dizem que os homens de Kheibar pertencem às tribos de Rubens, Gad e Manassés, a quem Schalmaneser[67], rei

---

67 Schalmaneser ou Salmanasar III (858-824 a.C.) subjugou o reino de Israel e forçou seu rei Iehu a pagar tributo.

da Assíria, levou em cativeiro. Eles construíram cidades poderosamente fortificadas, e fazem guerra a todos os outros reinos. Homem nenhum pode facilmente alcançar seu território, porque demanda uma jornada de dezoito dias através do deserto, que é completamente desabitado, de modo que ninguém pode entrar no país.

Kheibar[68] é uma cidade muito grande, com cinquenta mil judeus. Nela, há homens doutos e grandes guerreiros, que fazem guerra com os homens de Schinar e da terra do Norte e também com as tribos fronteiriças da terra de El-Yemen, perto deles, terra essa que fica nos confins da Índia. Retornar da terra deles é uma viagem de 25 dias até o rio Virae, que se encontra no país de El-Yemen, onde vivem perto de três mil judeus e, entre eles, há muito rabi e *daian*[69].

De lá leva cinco dias até Basra (Bassorá) que fica no rio Tigre. Ali há dez mil judeus e, entre eles, muitos

---

68 Depreende-se de uma leitura atenta do texto que Benjamin não visitou a cidade de Kheibar.
69 *Daian*, hebraico "juiz", membro de uma corte de justiça rabínica.

eruditos e homens ricos. Dali são dois dias para atingir o rio Samara, que é o começo da terra da Pérsia. Quinze centenas de judeus vivem perto da sepultura de Ezra, o sacerdote, que foi de Jerusalém para junto do rei Artaxerxes e lá morreu. Diante de seu sepulcro há uma grande sinagoga. E ao lado desta os maometanos erigiram uma casa de orações pelo amor e grande veneração que lhe dedicam, e eles gostam dos judeus devido a isso. E os maometanos vão ali para rezar.

Dali são quatro dias até o Khuzistão, que é Elam. Essa província não é habitada no seu todo, pois parte dela permanece erma. Em meio de suas ruínas encontra-se Schuchan (Susa), a capital, o sítio do palácio do rei Ahasuerus. Ali estão os restos de uma enorme estrutura de grande antiguidade. A cidade contém cerca de sete mil judeus e quatorze sinagogas.

Em frente a uma das sinagogas fica o túmulo de Daniel, de abençoada memória. O rio Tigre divide a cidade e uma ponte conecta as duas partes. Do lado onde residem os judeus situa-se o túmulo de Daniel. Ali costumava haver as feiras, com grandes estoques de mercadorias, pelas quais os judeus se enriqueciam. Do outro lado da ponte eles eram pobres, porque lá não havia nem feiras

nem mercadores, apenas pomares e plantações. E eles ficaram enciumados, e disseram: "Toda essa prosperidade desfrutada por aqueles que moram do outro lado se deve aos méritos de Daniel, o profeta, que jaz lá sepultado". Então os pobres pediram aos que residiam do outro lado que levassem o túmulo de Daniel para o meio deles, mas os outros não aquiesceram. De modo que reinou a guerra entre eles durante muitos dias, e ninguém saía ou entrava devido à grande contenda entre eles. Por fim, ambos os partidos começaram a cansar-se desse estado de coisas e adotaram uma sábia visão sobre o caso, fazendo um acordo, isto é, que o ataúde de Daniel deveria ser levado por um ano para um lado e no outro ano para o outro lado. Isso eles fizeram e ambos os lados ficaram ricos. No curso do tempo, Sinjar Schah-ben-Schah, que imperava sobre o reino da Pérsia, e 45 reis sujeitos à sua autoridade vieram a este lugar.

Ele é chamado *sultan-al-fars-al-Khabir* em árabe (o poderoso Soberano da Pérsia), e é ele que reinava do rio Samara até a cidade de Samarcanda, e até o rio Gozan, e as cidades da Média, e as montanhas de Chafton. Ele reinava também sobre o Tibete, nas florestas onde se encontram os animais dos quais o almíscar[70] é obtido. A extensão de seu império é uma jornada de quatro meses. Quando esse grande imperador Sinjar, rei da Pérsia, viu que eles levavam o ataúde de Daniel de um lado do rio ao outro, e que uma grande multidão de judeus, maometanos e gentios e muita gente do campo estava cruzando a ponte, ele

111

---

70 Marco Polo, l. II, c. 14, diz a respeito do Tibete: "Nesse país há muitos animais que produzem almíscar". Os tártaros possuem grande número de enormes e excelentes cães que prestam grande serviço na captura de animais produtores de almíscar e, assim, obtêm grande abundância dessa substância.

perguntou qual o significado desse procedimento, e eles lhe contaram essas coisas. Ele disse: "Não é apropriado que se faça essa ignomínia a Daniel, o profeta, mas eu lhes ordeno que meçam a ponte de ambos os lados, e que levem o ataúde de Daniel e o coloquem dentro de outro ataúde de cristal, de modo que o ataúde de madeira esteja dentro do de cristal, e o suspendam do meio da ponte por uma corrente de ferro; nesse lugar, devem construir uma sinagoga para todos os que vêm, de modo que todo aquele que deseja orar ali, seja ele judeu ou gentio, possa fazê-lo". E até este dia mesmo o ataúde está suspenso no meio da ponte. E o rei ordenou que, por respeito a Daniel, nenhum pescador deveria apanhar peixes [até] uma milha acima ou uma milha abaixo[71].

Dali leva três dias até Rudbar, onde há cerca de vinte mil israelitas, e entre eles doutos e homens ricos. Mas os judeus vivem lá sob grande opressão. De lá são dois dias até Nihawand, onde há quatro mil israelitas. De lá são quatro dias até a terra de Mulahid. Ali vive um povo que não professa a religião maometana, mas vive nas altas montanhas, e cultua o Velho da terra de Haschichim. E entre eles há quatro comunidades de Israel que saem com eles em tempo de guerra. Eles não se encontram sob o mando do rei da Pérsia, mas residem em altas montanhas, e descem dessas montanhas para pilhar e capturar botim, depois retornam às montanhas e ninguém consegue submetê-los. Há homens eruditos entre os judeus de sua terra. Esses judeus estão sob a autoridade do cabeça do Cativeiro na

71 O respeitado sepulcro de Daniel está situado entre Schuster e Dizful, na Pérsia, próximo ao rio Shaour, um afluente do rio Karun, que se supõe ser o Ulai da *Bíblia* (*Daniel* 8, 2). Localiza-se à vista do enorme monte que assinala o sítio de Susa, a antiga Schuschan.

Babilônia. Dali são cinco dias até Amadia[72], onde há cerca de 25 mil israelitas. Essa é a primeira daquelas comunidades que vivem nas montanhas de Chafton, onde há mais de cem comunidades judaicas. Ali é o começo da terra da Média. Esses judeus pertencem ao primeiro cativeiro que o rei Schalmanezar levou ao exílio; eles falam na língua em que o *Targum*[73] está escrito. Entre eles há homens doutos. As comunidades se estendem da província de Amadia até a província de G(u)ilan, 25 dias distantes, na fronteira do reino da Pérsia. Elas se acham sob a autoridade do rei da Pérsia e ele cobra um tributo deles pelas mãos de seus oficiais, e o tributo que eles pagam todo ano à guisa de capitação é um amir de ouro, que é equivalente a um maravedi e um terço. (Essa taxa tem de ser paga por todos os súditos do sexo masculino na terra do Islã acima da idade de quinze anos.)

---

72 Amadia (Imadiyah) é uma cidade do Curdistão, em um distrito montanhoso ao norte de Mossul.
73 *Targum*, tradução aramaica do *Pentateuco* e dos *Profetas*, tido como sagrada pelos judeus da Idade Média.

Em Amadia surgiu, há dez anos, um homem chamado David Al-Roy da cidade de Amadia. Ele estudou com Khisdai, o cabeça do Cativeiro, e com o cabeça da Academia Gaon Jacob, na cidade de Bagdá, e era bem versado na Lei de Israel, a *Halakhá*, bem como no *Talmud* e em toda a sabedoria dos maometanos; e também na literatura secular e nos escritos dos mágicos e dos adivinhos. Ele concebeu a ideia de rebelar-se contra o rei da Pérsia e de reunir os judeus das montanhas de Chafton e sair e lutar contra todas as nações, e marchar e capturar Jerusalém. Ele mostrou sinais de pretensos milagres aos judeus, e disse: "O Santíssimo, bendito seja, enviou-me para capturar Jerusalém e livrá-la do jugo dos gentios". E os judeus acreditaram nele e o chamaram de seu Messias. Quando soube disso, o rei da Pérsia mandou que viesse e falasse com ele. Al-Roy foi ter com ele sem medo e quando teve a audiência com o rei, este lhe perguntou: "És tu o rei dos judeus?", e ele respondeu: "Eu sou". Então o rei, tomado de grande ira, ordenou que ele fosse detido e levado à prisão do rei, o lugar onde os prisioneiros do rei ficavam presos até o dia de sua morte, na cidade de Tabaristão que fica junto ao grande rio Gozan.

Ao fim de três dias, quando o rei estava deliberando com os príncipes a respeito dos judeus que haviam se rebelado, David subitamente se postou diante dele. Havia escapado da prisão sem o conhecimento de pessoa alguma. E quanto o rei o viu, ele lhe disse: "Quem te trouxe aqui, e quem te soltou?" "Minha própria sabedoria e habilidade", respondeu-lhe o outro, "pois não tenho medo de ti nem de qualquer de teus servidores". O rei, *incontinenti*, mandou em alta voz que seus servidores o agarrassem, mas eles responderam: "Nós não vemos pessoa alguma, embora nossos ouvidos o ouçam". O rei e seus príncipes maravilharam-se com sua astúcia; mas ele disse ao rei, "Vou trilhar o meu caminho"; e seguiu adiante. O rei foi atrás dele; e os príncipes e servidores seguiram o rei até que chegaram à margem do rio. Então Al-Roy tirou o seu manto e o estendeu sobre a face da água para atravessá-la. Quando os servidores do rei viram que ele atravessava o rio sobre seu manto, eles o perseguiram em pequenos botes, desejando trazê-lo de volta, mas não conseguiram, e eles disseram: "Não há um mago como este no mundo inteiro". Nesse mesmo dia ele foi numa viagem de dez dias à cidade de Amadia pelo poder do inefável Nome, e ele contou aos judeus tudo o que lhe acontecera, e eles ficaram assombrados com a sua sabedoria.

Depois disso, o rei da Pérsia mandou uma mensagem ao Emir Al-Muminin, o califa dos maometanos em Bagdá, instando-o a avisar ao cabeça do Cativeiro e ao cabeça da Academia Gaon Jacob, para que impedissem David al-Roy de executar seus desígnios. Do contrário, ameaçou matar todos os judeus do império. Todas as congregações da terra da Pérsia viram-se então em grande apuro. E o cabeça do Cativeiro e o cabeça da Academia Gaon Jacob, mandaram dizer a Al-Roy: "O tempo da redenção ainda não chegou; não vimos ainda os sinais disso; pois pela força nenhum homem deve prevalecer. Pois bem, nossa ordem é que deves abandonar tais desígnios, ou serás com certeza excomungado de toda [comunidade de] Israel". E eles mandaram a Zakkai, o Nassi, na terra de Assur (Mossul) e a R. Iossef Burhan-al-mulk, o astrônomo lá, ordenan-do-lhes que enviassem a carta a Al-Roy, e, além disso, eles mesmos escreveram-lhe para adverti-lo, mas ele não quis aceitar a advertência. Então surgiu um rei com o nome de Sin-ed-din, o rei dos togarmim, e vassalo do rei da Pérsia, que mandou procurar o sogro de David Al-Roy, e deu-lhe uma peita de dez mil peças de ouro para que matasse Al-Roy em segredo. De modo que ele foi à casa de Al-Roy e o matou enquanto este dormia em sua cama. Assim, os seus planos foram frustrados. Então o rei da Pérsia partiu em expedição contra os judeus que viviam nas montanhas; e eles se dirigiram ao cabeça do Cativeiro para que lhes prestasse ajuda e apaziguasse o rei. Ele por fim o apaziguou com um presente de cem talentos de ouro, que eles lhe deram, e o país viveu em paz daí por diante[74].

Dessa montanha é uma viagem de vinte dias até Hamadan, que é a grande cidade da Média, onde há trinta mil israelitas. Em frente de certa sinagoga estão sepultados Mordecai e Ester[75].

74 David Al-Roy, sendo um jovem de aparência atraente e grandes feitos, conquistou considerável influência junto ao governador de Amadia e teve um bom número de seguidores entre os judeus da Pérsia. Com a intenção de ocupar o castelo, introduziu na cidade um grupo de seus adeptos armados, que tiveram, todavia, o cuidado de esconder suas armas. O governador detectou a conspiração e condenou Al-Roy à morte. A excitação entre os judeus perdurou por bastante tempo. Dois impostores, com cartas pretensamente emanadas de Al-Roy, vieram de Bagdá e trabalharam a boa fé da comunidade. Homens e mulheres repartiram seu dinheiro e joias, pois haviam sido induzidos a crer que, em certa noite, poderiam ser capazes de voar sobre asas de anjos, a partir dos telhados de suas casas, para Jerusalém. A única coisa que fazia as mulheres sentirem-se infelizes era o medo de que seus pequerruchos não estivessem, talvez, em condições de acompanhá-las no vôo aéreo. Ao romper do dia, a fraude foi descoberta, mas, entrementes, os impostores haviam escapado com seus tesouros.

75 O dr. J.E. Polak, antigo médico do falecido xá da Pérsia, fornece a informação desejada em uma interessante obra sobre esse país. Ele escreve o seguinte: "O único monumento nacional que os judeus da Pérsia possuem é a tumba de Ester em Hamadan, aantiga Ecbatana, para onde eles têm feito peregrinações desde tempos imemoriais. No centro do bairro judeu pode ser visto ›

De lá (Hamadan) leva quatro dias até Tabaristão, que está situada sobre o rio Gozan. Cerca de quatro mil judeus vivem lá. Dali são sete dias até Ispahan (Isfahan), a grande cidade e a residência real. Ela tem doze milhas

› um edifício baixo com uma cúpula, em cujo topo uma cegonha construiu seu ninho. A entrada é murada em sua maior parte. Lá só restam ruínas debaixo de uma pequena abertura que pode ser fechada por uma pedra plana, movível, que serve como porta e proporciona certa proteção contra ataques, que não são incomuns. No átrio da entrada, que conta apenas com um teto baixo, estão registrados os nomes dos peregrinos, e também o ano em que o edifício foi restaurado. Dalí, a pessoa ganha acesso a uma pequena câmara de quatro cantos, na qual há dois altos sarcófagos feitos de carvalho, que são os monumentos de Ester e Mordekhai. Em ambos, estão inscritos em hebraico as palavras do último capítulo do *Livro de Ester*, bem como os nomes de três médicos a cujas expensas a tumba foi reparada". O dr. Polak declara que na Idade Média a população judaica da Pérsia era muito grande, especialmente nas províncias meridionais. Em anos recentes ela diminuiu muito em consequência de terrível perseguição. Assegurou-se que não mais do que duas mil famílias judaicas remanesceram no país. Há oitenta anos toda a comunidade de Meshed foi convertida à força ao Islã.

de circunferência e cerca de quinze mil israelitas lá residem. O rabino-mor é Sar Schalom, que foi nomeado pelo cabeça do Cativeiro para ter jurisdição sobre todos os rabis que há no reino da Pérsia. Quatro dias adiante fica Schiraz, que é a cidade de Fars, e dez mil judeus vivem lá. Dali são sete dias até Ghaznah, a grande cidade à margem do rio Gozan, onde há cerca de oitenta mil israelitas. É uma cidade comercial de importância; pessoas de todos os países e línguas afluem para lá com suas mercancias. O país é extenso.

Dali são cinco dias de viagem até Samarcanda, que é a grande cidade dos confins da Pérsia. Nela vivem cerca de cinquenta mil israelitas, e R. Obadiá, o Nassi, é o cabeça nomeado. Entre eles há homens sábios e muito ricos.

Dali são quatro dias de jornada até o Tibete, a terra em cujas florestas se encontra o almíscar.

De lá se leva 28 dias até as montanhas de Naisabur[76] junto ao rio Gozan. E há homens de Israel na terra da Pérsia que dizem que nas montanhas de Naisabur moram quatro tribos de Israel, ou seja, a tribo de Dan, a tribo de Zebulão, a tribo de Ascher e a tribo de Naftali, que foram incluídas no primeiro cativeiro de Schalmanezer, rei da Assíria, como está escrito (*2 Reis* 18, 2): "E ele os pôs em Hala e em Habor, junto ao rio de Gozan, e nas cidades dos Medes."[77]

---

76 Naisabur é uma cidade próxima de Mesched, junto a altas montanhas que dão continuidade à cadeia Elburz, da Pérsia.

77 Chamamos atenção para a maneira cautelosa com que Benjamin fala aqui e em outras partes quando alude ao paradeiro de qualquer das dez tribos. Está muito difundida a tradição de que tribos judaicas independentes podiam ser encontradas em Khorosan, até tempos recentes.

A extensão de sua terra é de vinte dias de viagem, e eles têm cidades e grandes aldeias nas montanhas; o rio Gozan forma a fronteira de um lado. Eles não estão sob o governo dos gentios, mas possuem um príncipe deles próprios, cujo nome é R. Iosef Amarkala, o levita. Há eruditos entre eles. E eles semeiam e colhem e saem para a guerra em terras tão distantes quanto Cusch, por via do deserto[78]. Eles estão aliados aos *kofar-al-Turak*, que adoram o vento e vivem em terra agreste, e não comem pão nem bebem vinho, mas vivem de carne crua não cozida. Eles não têm narizes e, em seu lugar, têm dois pequenos orifícios, através dos quais respiram. Eles comem animais impuros e puros, e são muito amistosos para com os israelitas. Há quinze anos invadiram a Pérsia com um grande exército e tomaram a cidade de Rayy; eles a talaram a fio de espada, levaram todos os despojos do saque e retornaram ao seu agreste. Uma invasão assim não era conhecida na terra da Pérsia há muitos anos. Quando o rei da Pérsia soube disso, sua cólera contra eles se inflamou e ele disse: "Nem no meu tempo nem no tempo de meus pais surgiu um exército desse deserto. Agora irei e vou talar da terra o nome deles." Uma proclamação foi feita por todo o seu império e o rei reuniu todos os seus exércitos; ele procurou um guia que lhe pudesse mostrar o caminho para o acampamento daquela gente. E certo homem disse que lhe mostraria o caminho, pois era um deles. E o rei prometeu que o enriqueceria se ele assim o fizesse. E o rei perguntou-lhe que provisões seriam necessárias para

---

78 Cumpre lembrar que Kusch, na literatura judaica, nem sempre significa Etiópia, mas denota também partes da Arábia, especialmente aquelas mais próximas da Abissínia. O nome Kusch é, portanto, aplicado aos países ao leste do Tigre.

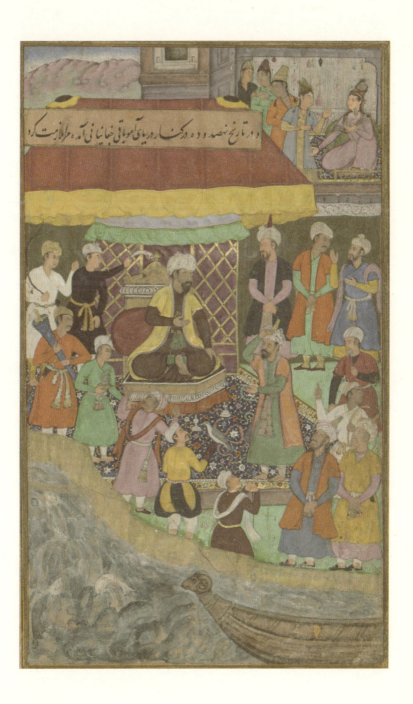

a marcha através do deserto. E ele replicou: "Levai convosco pão e vinho para quinze dias, pois não encontrareis sustento no caminho, até que tenhais alcançado a terra deles". E eles assim fizeram, e marcharam pelo deserto por quinze dias, mas não encontraram nada nem ninguém. Então sua comida começou a acabar, de modo que os homens e os animais passaram a morrer de fome e sede. Então o rei mandou chamar o guia e disse-lhe: "Onde está tua promessa a nós de que encontraríamos nossos adversários?" Ao que o outro respondeu: "Eu errei o caminho". E o rei ficou furioso, e ordenou que lhe cortassem a cabeça. E o rei expediu ordens, além disso, e fez saber ao acampamento inteiro que todo homem que tivesse alguma porção de comida devia dividi-la com seu vizinho. E eles consumiram tudo o que possuíam, inclusive seus animais. E após outros trinta dias de marcha, alcançaram as montanhas de Naisabur, onde vivem judeus. Chegaram lá no sábado e acamparam nos pomares e nas plantações e junto as nascentes d'água que brotam ao lado do rio Gozan. Era a época do amadurecimento dos frutos, e eles comeram e consumiram tudo. Homem nenhum veio ter com eles, mas nas montanhas eles viram cidades e muitas torres. Então o rei mandou dois de seus servidores que fossem e inquirissem a respeito do povo que vivia nas montanhas, e que atravessassem o rio fosse em barcos ou a nado. E eles saíram a investigar e encontraram uma grande ponte, sobre a qual se erguiam três torres, mas o portão da ponte estava trancado. Do outro lado da ponte havia uma grande cidade. Então se puseram a gritar diante da ponte e apareceu um homem e perguntou-lhes o que desejavam e quem eles eram. Mas eles não conseguiam entendê-lo até que apareceu um intérprete que entendia a linguagem deles. E quanto este lhes perguntou, eles disseram: "Nós somos os servidores do rei da Pérsia, e viemos para lhes perguntar quem vocês são e a quem servem". A isso o outro respondeu: "Nós somos judeus, nós não temos nem rei nem príncipe gentio, mas um príncipe judeu reina sobre nós." Eles o inquiriram então sobre os infiéis, os filhos de *ghuz* [oguzes] do *kofar-al-Turak*[79], e ele respondeu: "Na verdade eles estão em aliança conosco, e quem procura lhes causar dano, procura nosso dano". Então eles seguiram o seu caminho, e contaram isso ao rei da Pérsia, que ficou muito alarmado. E certo dia os judeus disseram ao rei que entrasse em combate com eles, mas ele respondeu: "Eu não vim lutar com vocês, mas com o *kofar-al-Turak*, meu inimigo, e se vocês lutarem contra mim, eu me vingarei de vocês matando todos os judeus de meu império; sei que vocês são mais fortes do que eu neste lugar, e que meu exército saiu desse grande deserto faminto e sedento. Lidem bondosamente comigo e não lutem contra mim, mas deixem-me dar combate a *kofar-al-Turak*, meu inimigo, e vendam-me as provisões de que necessito para mim mesmo e para o meu exército".

79 Pouca dúvida pode haver de que os *kofar-al-Turak*, um povo pertencente à cepa tártara, sejam idênticos aos assim chamados súditos do Prestes João, de quem tanto se ouviu falar no Medievo. Eles derrotaram Cinjar em 1141; isso aconteceu, entretanto, mais de quinze anos antes da visita de Benjamin. A julgar a partir da passagem acima referida no texto, em que os aliados dos judeus são descritos como "infiéis, os filhos *ghuz* dos *kofar-al-Turak*", Benjamin parece confundir os oguzes com as hordas tártaras. Ora, os oguzes pertencentes aos clãs seljúcidas se tornaram maometanos mais de cem anos antes e, como tal, Benjamin jamais os teria denominado de infiéis. Esses oguzes travaram guerra com Cinjar em 1153, quando ele foi assinaladamente derrotado e finalmente feito prisioneiro. Benjamin deve ter se referido a essa batalha quando escreve que a mesma ocorreu há quinze anos.

Os judeus reuniram-se em conselho, e resolveram apaziguar o rei em consideração aos judeus que estavam em exílio no seu império. Então o rei entrou na terra deles com seu exército e lá permaneceu por quinze dias. E eles lhe demonstraram muito honor, e também enviaram um despacho aos *kofar-al-Turak*, seus aliados, relatando-lhes o assunto. Em consequência, estes últimos ocuparam os passos da montanha em grande número com um grande exército composto daqueles que vivem no deserto, e quando o rei da Pérsia partiu para lutar com eles, eles se posicionaram em ordem de batalha contra ele. O exército *kofar-al-Turak* foi vitorioso e matou muitos homens da hoste persa, e o rei da Pérsia fugiu com alguns de seus seguidores para o seu próprio país.

Ora, um cavaleiro, um dos servidores do rei da Pérsia, induziu um judeu, cujo nome era R. Moisés, a vir com ele, e quando chegou à terra da Pérsia esse cavaleiro fez desse judeu seu escravo. Um dia os arqueiros vieram à presença do rei a fim de realizar uma exibição de sua habilidade e não se encontrou um só dentre eles que retesasse o arco como esse R. Moisés. Então o rei o inquiriu por intermédio de um intérprete que conhecia sua língua, e ele relatou tudo o que o cavaleiro lhe havia feito. Em razão disso, o rei concedeu-lhe a liberdade, mandou trajá-lo em vestes de seda, deu-lhe presentes e disse-lhe, "Se quiseres abraçar nossa religião, farei de ti um homem rico e intendente de minha casa", mas ele respondeu, "Meu senhor, não posso fazer tal coisa". Então o rei pegou e o colocou na casa do rabino-chefe da comunidade de Ispahan, Sar Schalom, que lhe deu sua filha por esposa. Esse mesmo R. Moisés contou-me todas essas coisas.

Depois a gente retorna ao país do Khuzistão, que fica junto ao rio Tigre, e desce o rio que desemboca no Oceano

Índico, até uma ilha chamada Kisch[80]. É uma jornada de seis dias para alcançar a ilha. Os habitantes não semeiam nem ceifam. Eles possuem apenas um poço e não há nenhum curso d'água em toda ilha, mas bebem água da chuva. Os mercadores, que vêm da Índia e das ilhas, acampam lá com suas mercadorias. Além disso, homens de Schinar, El-Yemen e Pérsia trazem para aí todos os tipos de seda, púrpura e linho, algodão, cânhamo, lã fiada, trigo, cevada, painço, arroz e todos os gêneros de alimento, e lentilhas de todo tipo, e eles comerciam um com o outro, enquanto os homens da Índia trazem grandes quantidades de especiarias para lá. Os insulares atuam como intermediários e ganham o seu sustento desse modo. Há cerca de quinhentos judeus lá. Daí são dez dias de viagem por mar até Katifa, onde vivem cerca de cinco mil judeus. O bdélio é aí encontrado. No dia 24 de Nissan[81] a chuva cai sobre a água, em cuja superfície flutuam certos pequenos animais marinhos, que bebem da água da chuva e se fecham, e depois submergem até o fundo. E, em meados de Tischri, homens descem ao leito do mar por meio de cordas e coletam essas conchas, depois as abrem ao meio e extraem as pérolas. Essa pescaria de pérolas pertence ao rei do país, mas é controlada por um funcionário judeu[82].

80 Na Idade Média, a ilha de Kisch ou Kis era uma importante estação na rota comercial da Índia para a Europa. No curso do século XII tornou-se um centro mercantil do Golfo Pérsico. Uma grande cidade murada foi edificada na ilha onde se construíram tanques e, nas costas do mar próximas, realizava-se a famosa pescaria de pérolas. Navios da Índia e da Arábia abarrotavam o porto. Posteriormente Kisch foi suplantada por Ormuz e Bandar-Abbas.

81 *Nissan*, primeiro mês do calendário lunar hebraico, correspondente aos meses da primavera, março a abril do Hemisfério Norte.

82 Katifa ou El-Katif localiza-se no Golfo Pérsico, na costa oriental da Arábia, perto de Bahrein. Boschart é de opinião que essa parte da ›

Daí são sete dias de viagem até Khulam[83] que é onde começa o país dos adoradores do Sol[84]. São os filhos de Cusch, que lêem as estrelas, e são todos pretos na cor. Eles são honestos no comércio. Quando mercadores vêm a eles, de terras distantes, e entram no porto, três dos secretários do rei baixam até eles e registram seus nomes, e depois os levam à presença do rei, como consequência o próprio rei se faz responsável pelos bens dos mercadores, que

› Arábia é a terra de Havilah, onde, de acordo com *Gênesis* 2, 11-12, há ouro, bdélio e pedra de ônix. As autoridades judaicas estão divididas em sua opinião sobre se o bdélio é uma joia ou uma goma fragrante exsudada por uma espécie de árvore de bálsamo. Masudi é um dos primeiros autores árabes que nos dá uma descrição acerca da pescaria de pérolas no Golfo Pérsico, e ela concorda muito com o relato de Benjamin.

83 Kollam, agora chamada de Quilon (Coulão), foi um porto marítimo muito frequentado nos primórdios da Idade Média, quando embarcadores chineses se encontravam aí com mercadores árabes. Mais tarde, declinou em importância, sendo suplantada por Calcutá, Goa e finalmente Bombaim. Situava-se no extremo sul da costa de Malabar. Sob o título de "Cochin", a *Jewish Encyclopaedia* proporciona uma descrição dos judeus brancos e negros de Malabar. Com o fito de complementar esse verbete, talvez seja conveniente referir-se a um manuscrito, Ms. n. 4238 da Merzbacher Library, anteriormente em Munique. Trata-se de um documento em resposta a onze perguntas endereçadas por Tobias Boas no dia 12 de Elul de 5.527 (= 1767) ao rabi Ieches Kel Rachbi de Malabar. De acordo com esse manuscrito, tudo indica que dez mil exilados judeus alcançaram Malabar em 68 a.D. (época da destruição do Segundo Templo) e se estabeleceram em Cranganor, Dschalor, Madri e Plota.

84 Não há dúvida de que Malabar se tornou asilo dessa antiga seita de adoradores do Sol, depois de ela ter sido vencida pelos maometanos e forçada pela perseguição a buscar refúgio nas montanhas e nas terras menos acessíveis da Pérsia, tendo chegado com muito custo a regiões mais distantes. Eles encontraram um lugar de repouso, além do Indo, que cruzaram por temor de seus incansáveis perseguidores e, ainda aí, se depararam com seus dissidentes, os parses.

eles deixaram abertos e desprotegidos. Há um funcionário sentado em seu posto, e o proprietário de qualquer bem perdido tem apenas de descrevê-lo ao funcionário, quando este o devolve. Esse costume prevalece em todo aquele país. Da Páscoa ao Ano Novo, isto é, durante o verão, nenhum homem pode sair de sua casa por causa do sol, pois o calor naquela terra é intenso, e da terceira hora do dia em diante todo mundo permanece em sua casa até o anoitecer. Então eles saem e acendem tochas de iluminação em todas as praças de mercado e nas ruas, e depois fazem seu trabalho e seus negócios à noite. Pois eles têm de trocar a noite pelo dia em consequência do forte calor do sol. Encontra-se lá pimenta. Eles plantam as árvores dessa especiaria nos campos e cada homem da cidade conhece sua própria plantação. As árvores são pequenas e a pimenta é branca como neve. E quando terminam de colhê-la, eles a colocam em panelas e vertem sobre a pimenta água fervente, de modo que possa tornar-se forte. Tiram-na então da água e secam-na ao sol e a pimenta se torna preta. Cálamo e gengibre e muitas outras espécies de condimento também se encontram nessa terra.

O povo desse país não enterra seus mortos, mas os embalsama por meio de várias especiarias, depois do que os colocam em cadeiras e os cobrem com fino linho. E cada família tem uma casa onde preserva os restos embalsamados de seus antepassados e parentes. A carne endurece sobre os ossos, e os corpos embalsamados se afiguram como seres vivos, de modo que cada homem pode reconhecer seus parentes e os membros da família durante muitos anos. Eles adoram o Sol, e têm altares por toda a parte fora da cidade, a uma distância de cerca de meia milha. E toda manhã eles saem correndo para saudar o Sol, pois em cada altar há um disco solar feito com hábil lavor e,

quando o Sol se ergue, o disco gira com um ruído atroador, e todos, homens e mulheres, oferecem incenso ao Sol com incensórios em suas mãos. Tais são suas práticas supersticiosas. E por toda a ilha, inclusive todas as cidades de lá, vivem vários milhares de israelitas. Os habitantes são todos pretos e os judeus também. Estes últimos são bons e benevolentes. Conhecem a Lei de Moisés e os profetas, e em pequena medida o *Talmud* e a *Halakhá*.

De lá são 23 dias por mar até Ibrig (Ceilão), e os habitantes são adoradores do fogo, e são chamados *dukhbin*. Entre eles há cerca de três mil judeus, e esses *dukhbin* têm sacerdotes em seus vários templos que são grandes bruxos em todas as artes da feitiçaria, e não existem outros como eles na terra. Em frente ao altar de seus templos há uma vala profunda, onde conservam um grande fogo aceso o ano inteiro, e eles o chamam Elahutha. E eles compelem seus filhos e filhas a passar pelo fogo, e até seus mortos eles os atiram lá. Alguns dos grandes homens do país fazem um voto de morrer pelo fogo. Em tais casos, o homem comunica sua intenção aos membros de sua famílias e parentes, e diz: "Eu fiz o voto de me jogar no fogo enquanto ainda estou vivo". Então eles respondem dizendo: "Feliz és tu". E quando chega o dia da execução do voto, eles lhe preparam um grande banquete e se for rico ele segue a cavalo, se for pobre vai a pé, até a beira da vala, e lança-se ao fogo. E todos os membros de sua família gritam com o acompanhamento de pandeiros e dançam até o corpo ser inteiramente consumido. E ao fim de três dias, dois de seus sumos sacerdotes vão à casa dele e dizem aos filhos: "Arrumai a casa, pois neste dia vosso pai virá para vos dar suas últimas ordens quanto ao que deveis fazer". E eles trazem testemunhas da cidade. Então fazem Satã aparecer na forma do falecido, e quando sua viúva e filhos perguntam-lhe como é que está passando no outro mundo, ele responde: "Eu fui ter com meus companheiros, mas eles não querem me receber até que eu tenha cumprido minhas obrigações com os membros de minha casa e com os meus vizinhos". Então ele executa sua vontade e divide sua propriedade entre seus filhos, dá ordens para que todos os seus credores sejam pagos e que as dívidas com ele sejam cobradas. Então as testemunhas registram por escrito sua vontade, e ele vai embora e nunca mais é visto. E, por meio desse artifício e feitiçaria que os sacerdotes praticam, as pessoas são confirmadas em seus erros e asseguradas de que não há ninguém, no país todo, como seus sacerdotes.

Daí, para cruzar até a terra de Zin (China) é uma viagem de quarenta dias. Zin se situa no extremo Este, e alguns dizem que lá se encontra o mar de Nipka (Ning-po?), onde a estrela Oríon[85] predomina e ventos tempestuosos prevalecem. Às vezes o timoneiro não consegue governar sua embarcação, quando um vento furioso a impele para esse mar de Nikpa, onde ela não pode mover-se de seu lugar; e a tripulação tem de permanecer onde está até que suas reservas de provisões se exaurem e então eles morrem. Dessa maneira muitos navios foram perdidos, mas os homens finalmente descobriram um estratagema para escapar desse maligno lugar. A tripulação prove-se de peles de boi. E quando sopra esse mau vento que os impele ao

---

85 As declarações de Benjamin a respeito da Índia e da China são por certo muito vagas, mas devemos lembrar que ele foi o primeiro europeu a ao menos mencionar a China. Tendo em vista as descrições completas de outros países do mundo antigo por autores árabes da Idade Média, o fato de que então a rota mercantil era principalmente por mar, no roteiro indicado por Benjamin, é surpreendente que tenhamos comparativamente de fontes árabes pouca informação sobre a Índia e a China. Em nenhum de seus registros é nomeado o mar de Nipka, e não é improvável que Benjamin tenha cunhado esse nome, ele próprio, a partir de uma raiz hebraica que ocorre na *Bíblia* quatro vezes.

mar de Nikpa, eles se envolvem nas peles, que são feitas à prova d'água e, armados de facas, mergulham no mar. Um grande pássaro chamado grifo vigia-os e, na crença de que o marinheiro é um animal, o grifo agarra-o, leva-o para a terra firme e o depõe no alto de uma montanha ou em uma cova a fim de devorá-lo. O homem então se atira rapidamente sobre o pássaro com uma faca e o mata. Então o homem sai da pele e caminha até que chega a um lugar habitado. E dessa maneira muitos homens escapam[86].

Então até Al-G(u)ingaleh a viagem é de quinze dias, e cerca de mil israelitas moram lá. Daí por mar até Khulan são sete dias; mas nenhum judeu vive ali. De lá são doze dias até Zebid [Zabid], onde há poucos judeus. De lá são oito dias de jornada para a Índia que fica em terra firme, chamada o país de Aden, e este é o Éden, que fica em Thelasar[87].

---

86 Marco Polo tem muito a dizer sobre o pássaro denominado "grifo" quando fala das correntes marítimas que impelem os navios de Malabar para Madagascar. Ele escreve, v. II, livro III, capítulo 33: "Ele [o grifo] é para todo mundo como uma águia, mas realmente uma de enorme tamanho. É tão forte que agarra em suas presas um elefante e o carrega bem alto no ar e o solta de tal modo que ele fica despedaçado. Depois de matá-lo, o grifo se arremete para baixo, sobre ele, e o devora calmamente. O povo daquelas ilhas chama o pássaro de Rukh." Yule tem uma interessante nota mostrando como era antiga e difundida a fábula do Rukh, e ele é da opinião de que a razão pela qual a lenda era localizada na direção de Madagascar talvez fosse porque alguns remanescentes do grande fóssil Aepyornis e seus ovos colossais tivessem sido descobertos nessa ilha. O professor Sayce declara que o Rukh figura muito – não apenas no folclore chinês – mas também na velha literatura babilônica. A ave é, por certo, familiar aos leitores das *Mil e Uma Noites*.

87 Nem Al-G(u)ingaleh nem Khulam podem ser satisfatoriamente identificadas. Benjamin já havia deixado claro que para ir da ›

O país é montanhoso. Há muitos israelitas ali, e eles não se encontram sob o jugo dos gentios, mas possuem cidades e castelos no cimo das montanhas, das quais eles descem ao país plano chamado Líbia, que é um império cristão. Esses são os líbios da terra da Líbia, com quem os judeus estão em guerra. Os judeus tomam despojo e botim e retiram-se para as montanhas, e homem nenhum consegue prevalecer contra eles. Muitos desses judeus da terra de Aden vieram da Pérsia e do Egito[88].

Para a África

De lá para a terra de Assuan é uma viagem de vinte dias através do deserto. Este é o Seba sobre o rio Pischon

> ›Índia à China, leva-se 63 dias, isto quer dizer 23 dias de Kollam até Ibrig, e daí quarenta dias até o mar de Nikpa. A viagem de regresso, não meramente à Índia, mas até Zabid, que Abulfeda e Alberuni denominam o principal porto de Iêmen, parece levar apenas 34 dias. Ibn Batuta diz acerca de Aden: "Está situada à beira-mar e é uma grande cidade, mas sem semente, água ou árvore. Eles possuem reservatórios em que coletam a água da chuva para beber. Alguns ricos mercadores residem aí e embarcações da Índia ocasionalmente lá aportam". Há ali uma comunidade judaica desde tempos imemoriais. Os homens, até tempos recentes, costumavam andar o dia todo com os seus *tefilin* (filactérios).

88 Devemos tomar as palavras de Benjamin com o sentido de que judeus independentes, que viviam na região montanhosa à retaguarda de Aden, atravessavam o estreito de Bab-el-Mandeb e guerreavam contra os habitantes da planície da Abissínia. Os judeus provenientes de Aden tiveram de se defrontar com as forças do soberano cristão da Abissínia e procuraram salvaguardar-se nas regiões montanhosas daquele país. Dali, ouviu-se falar deles mais tarde sob o nome de judeus *falaschas*.

(Nilo) que desce do país de Cusch[89]. E alguns dos filhos de Cusch têm um rei a quem eles chamam de sultão Al-Habasch. Há um povo entre eles que, como animais, come ervas que crescem nas margens do Nilo e nos campos. Eles andam nus e não têm a inteligência dos homens comuns. Eles coabitam com suas irmãs e com quem quer que encontrem. O clima é muito quente. Quando os homens de Assuan fazem uma incursão em seu país, eles levam consigo pão e trigo, uvas secas e figos, e jogam a comida para essa gente, que corre para pegá-la. É assim que eles trazem de volta muitos deles como prisioneiros, e os vendem na terra do Egito e nos países circundantes. E esses são os escravos negros, os filhos de Ham.

De Assuan há uma distância de doze dias até Heluan[90] onde vivem cerca de trezentos judeus. Dali as pessoas viajam em caravanas em uma jornada de quinze dias através do grande deserto chamado Saara, até a terra de Zawilah, que é Havilah na terra de Gana. Nesse deserto há montanhas de areia, e quando o vento sopra, ele cobre as caravanas de areia, e muito morrem por sufocação. Aqueles que escapam trazem de volta, com eles, cobre, trigo, frutas, todos os gêneros de lentilhas e sal. E de lá trazem ouro e todas as espécies de joias. Isso é na terra de Cusch que é chamada Al-Habasch nos confins ocidentais. De Heluan são trinta dias de jornada até Kutz que é Kus, e esse é o começo da

---

89 Assuan, segundo Makrizi, era uma das cidades mais florescentes antes de 1403, quando mais de vinte mil de seus habitantes pereceram. Seba não pôde ser identificada. Não há dúvida que o nosso autor alude a Seba, um nome repetidamente associado na *Escritura* ao Egito, a Kusch e a Havilah.

90 Heluan é a atual Helwan, a quatorze milhas do Cairo, na margem direita do Nilo. Era muito apreciada pelos antigos califas por suas águas termais sulfurosas.

terra do Egito. Em Kutz há trezentos judeus. De lá são trezentas milhas até Fayum, que é Pithom, onde há duzentos judeus; e até este dia mesmo pode-se ver as ruínas das edificações que nossos antepassados ali erigiram[91]. De lá até Mitzraim é uma jornada de quatro dias. Essa Mitzraim é a grande cidade situada às margens do Nilo, que é Pison ou Al-Nil. O número de habitantes judeus é de cerca de sete mil[92]. Existem lá duas grandes

91 Entre as edificações, descobriram-se celeiros em forma de profundas câmaras retangulares sem portas, em que o grão era despejado de cima. Supõe-se que datem do tempo de Ramsés II. O Fayum, ou o distrito do Pântano, deve sua extraordinária fertilidade ao Dahr Yussuf (Canal de José). A história árabe é que, quando José estava ficando velho, os cortesãos tentaram provocar sua desgraça induzindo o faraó a incumbi-lo do que parecia ser uma tarefa impossível, isto é, duplicar as rendas da província em poucos anos, José cumpriu a tarefa adaptando artificialmente um braço natural do Nilo de modo a que desse ao distrito o benefício de uma cheia anual. O canal assim formado tem o comprimento de 207 milhas e recebeu o nome de José. Os celeiros de José são repetidamente mencionados pelos autores árabes.

92 Para compreender plenamente o relato de Benjamin, devemos lembrar que na época de sua visita a metrópole estava atravessando uma crise. Desde o mês de março de 1169, Saladino torna-se virtualmente o governante do Egito, embora nominalmente atuasse como vizir do califa Al-Adid, que foi o último da linha fatimida, e que morreu em 13 de setembro de 1171, três dias após a sua deposição. A bem conhecida cidadela do Cairo, que se encontra sob os esporões das colinas Mukattam, foi erigida por Saladino sete anos mais tarde. O Cairo de 1170, denominado El Medina, foi fundado em 969, e consistia de um imenso palácio para o califa e sua numerosa família de servidores. Era cercado de quartéis para um grande exército e de edifícios para os ministros e de gabinetes governamentais. O conjunto era protegido por muralhas maciças e imponentes portas de estilo normando. A população civil – e mais particularmente os judeus – moravam no antigo bairro Kasr-esch-Schema, ao redor do assim chamado Castelo da ›

sinagogas, uma pertencente aos homens da terra de Israel e uma pertencente aos homens da terra da Babilônia. A sinagoga dos homens da terra de Israel é chamada Kenisat-al-Schamiyyin, e a sinagoga dos homens da Babilônia é Kenisat al-Irakiyyin. Seu trato com respeito às porções e seções da Lei não é igual; pois os homens da Babilônia estão acostumados a ler uma porção cada semana, como é feito na Espanha, e é o nosso costume, é de terminar (a leitura) da Lei cada ano; enquanto que os homens da Palestina não fazem assim, mas dividem cada porção em três seções e terminam (a leitura) da Lei ao fim de três anos. As duas comunidades, entretanto, têm um costume estabelecido de unir e rezar juntas no dia do Regozijo da Lei, e no dia da Dádiva da Lei. Entre os judeus, é Netanel, o príncipe dos príncipes e o reitor da academia, que é o cabeça de todas as congregações no Egito; ele designa rabis e oficiais, e é membro integrante da corte do grande rei, que vive em seu palácio de Zoan el-Medina, que é a cidade real para os árabes. Ali reside o emir Al-Muminin, um descendente de Abu Tálib. Todos os seus súditos são chamados "alawiyyim", porque se levantaram contra o emir Al Muminin al Abbasi (o califa abássida) que reside em Bagdá. E entre as duas partes há uma contenda duradoura, pois o primeiro erigiu um trono rival em Zoan (Egito).

›Babilônia, também na cidade Fostat, fundada em 641, e no bairro El-Askar, que foi construído em 751. Esses subúrbios recebiam o nome de Misr ou Masr, porém são chamados por Benjamin "Mitzraim". Fostat foi incendiada em 12 de novembro de 1168, por ordem do vizir Schawar, a fim de que não pudesse dar abrigo aos francos que haviam invadido o Egito, mas foi logo reconstruída, em parte. Agora recebe o nome de Masr-el-Atika, e é notada nos dias de hoje (século XIX) por seus enormes montes de lixo.

Duas vezes por ano o monarca egípcio sai de lá, uma vez por ocasião do grande festival, e de novo quando o rio Nilo sobe. Zoan está cercada por uma muralha, mas Mitzraim não possui muralha, pois o rio a rodeia por um lado. É uma grande cidade, e tem praças de mercado, bem como estalagens, em grande número. Os judeus que moram lá são muito ricos. Lá não cai chuva nem jamais se viu gelo ou neve. O clima é muito quente.

O rio Nilo sobe uma vez por ano no mês de Elul (agosto-setembro); ele cobre o solo todo do país, e o irriga até uma distância de quinze dias de jornada. As águas permanecem sobre a superfície do solo durante os meses de Elul e Tischri, e o irrigam e o fertilizam.

Os habitantes têm um pilar de mármore, erigido com muita proficiência, a fim de apurar a dimensão da cheia do Nilo. Ele se ergue em frente de uma ilha no meio da água, e tem doze cúbitos de altura. Quando o Nilo sobe e cobre a coluna, eles sabem que o rio subiu e cobriu o solo até uma distância de quinze dias de jornada em sua plena extensão. Se apenas a metade é coberta, a água cobre somente a metade da extensão da terra. E dia após dia um oficial tira a medida da coluna e faz uma proclamação a seu respeito em Zoan e na cidade de Mitzraim, anunciando: "Louvem o Criador, pois o rio subiu a uma altura tal e tal"; todo dia ele tira a medida e faz a sua proclamação. Se a água cobre a coluna inteira, haverá abundância no Egito. O rio continua a elevar-se gradualmente até cobrir a terra numa extensão de quinze dias de jornada. E aquele que é proprietário de um campo contrata trabalhadores que cavam profundos fossos no seu campo, e vêm peixes com a subida da água e entram nos fossos. Depois, quando as águas retrocederam, os peixes ficam nos fossos, e o dono do campo pega-os ou para comê-los ou para vendê-los a peixeiros, que os salgam e os negociam em toda parte. Esses peixes são extraordinariamente gordos e grandes, e o óleo obtido deles é empregado nesse país para óleo de lanterna. Embora um homem possa comer uma grande quantidade desses peixes, se ele apenas beber depois água do Nilo eles não lhe farão mal, pois tais águas possuem propriedades medicinais.

As pessoas perguntam: o que leva o Nilo a subir? Os egípcios dizem que rio acima, na terra de Al-Habasch (Abissínia), que é a terra de Havilah, cai muita chuva na época da cheia do rio, e que essa abundância de chuva faz com que o rio suba e cubra a superfície da terra. Se o rio não sobe, não há semeadura, e a fome aflige a terra. A semeadura é feita no mês de Marheschvan, depois que o rio voltou ao seu leito ordinário. No mês de Adar (fevereiro-março) é a colheita de cevada, e no mês de Nisan (março-abril) é a colheita de trigo.

No mês de Nissan eles têm cerejas, peras, pepinos e abóboras em profusão; também favas, ervilhas, grãos-de-bico, e muitas espécies de vegetais, como beldroega, aspargo, legume, alface, coentro, endívia, couve, alho-porró e alcachofra. O país está cheio de todas as coisas boas e os pomares e plantações são regados por vários reservatórios e água do rio.

O rio Nilo, depois de passar em seu fluxo pela cidade de Mitzraim, divide-se em quatro braços: um canal segue na direção de Damieta, que é Caftor, onde cai no mar. O segundo canal corre para a cidade de Reschid (Roseta), que fica perto de Alexandria, e lá deságua no mar. O terceiro canal vai pelo caminho de Aschmun, onde desemboca no mar; e o quarto canal vai tão longe quanto a fronteira do Egito. Ao longo de ambas as margens desses quatro braços há cidades, burgos e aldeias, e as pessoas visitam

esses lugares ou por barco ou por terra. Não existe em outro lugar terra tão densamente povoada como essa. Ela é extensa também e abundante em todas as boas coisas.

Da Nova Mitzraim para a Velha Mitzraim a distância é de duas parasangas. Esta última está em ruínas, e o local onde se erguiam muralhas e casas pode ser visto até o dia de hoje. Também os celeiros de Iossef, de abençoada memória, ainda se encontram em grande número em muitos lugares. São construções de pedra e cal, e são extraordinariamente fortes. Existe lá uma coluna de uma feitura maravilhosa, que não tem igual para ser vista em todo o mundo.

Fora da cidade encontra-se a antiga sinagoga de Moisés, nosso mestre, de abençoada memória, e o guardião e clérigo desse lugar de culto é um venerável ancião; é um homem de saber, e eles o chamam Al Scheik Abu al-Nazr. A extensão de Mitzraim, que está em ruínas, é de três milhas.

De lá até a terra de Goschen são oito parasangas – ali é Bilbais. Há cerca de trezentos judeus na cidade, que é grande. Dali é meio dia de jornada até Ain-al-Schams ou Ramsés, que está em ruínas. Podem ser vistos lá restos de construções que nossos antepassados ergueram, ou seja, torres feitas de tijolos. Dali é um dia de jornada até Al Bubizig, onde vivem cerca de duzentos judeus. Daí é meio dia de jornada até Benkha, onde há cerca de sessenta judeus. Dali leva meio dia até Muneh Sifte, onde há quinhentos judeus. De lá é meio dia de jornada até Samnu, onde moram cerca de duzentos judeus. De lá são quatro parasangas até Damira, onde há cerca de setecentos judeus. De lá são cinco dias até Lammanah, onde há cerca de quinhentos judeus.

Dois dias de viagem leva a pessoa a Alexandria do Egito, que é Amonn de No; mas quando Alexandre da Macedônia construiu a cidade, ele lhe deu o seu próprio nome e a fez extraordinariamente forte e bela. As casas, os palácios e as muralhas são de excelente arquitetura. Fora da cidade fica a academia de Aristóteles, o professor de Alexandre. É um grande edifício, situado entre outras academias em número de vinte, com uma coluna de mármore entre cada uma. Pessoas de todo o mundo estavam acostumadas a ir para lá a fim de estudar a sabedoria de Aristóteles, o filósofo. A cidade está edificada sobre uma depressão por meio de arcos. Alexandre a construiu com grande inteligência. As ruas são largas e retas, de modo que um homem pode olhar ao longo delas por uma milha de porta a porta, da porta de Reschid à porta junto ao mar.

Alexandre também construiu para o ancoradouro de Alexandria um molhe, uma estrada real que corre para o meio do mar. E lá ele ergueu uma grande torre, um farol, denominado Manar al Iskandriyyah, em árabe. No topo da

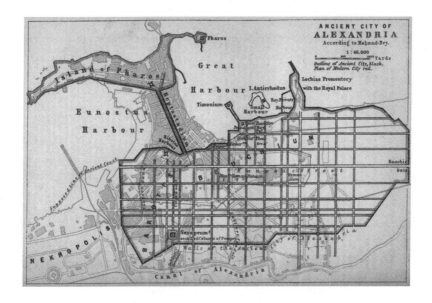

torre há um espelho de vidro. Qualquer navio que tente atacar ou molestar a cidade, vindo da Grécia ou dos países ocidentais, poderia ser visto por meio desse espelho de vidro a uma distância de vinte dias de jornada, e os habitantes (de Alexandria) poderiam destarte pôr-se em guarda. Aconteceu uma vez, muitos anos após a morte de Alexandre, que um navio veio da terra da Grécia, e o nome do capitão era Teodoro, um grego de grande inteligência. Os gregos naquele tempo estavam sob o jugo do Egito. O capitão trazia grandes regalos em ouro e prata e vestes de seda para o rei do Egito, e ele ancorou seu navio em frente do farol, como era o costume de todos os mercadores.

Todos os dias o guardião do farol e seus servidores eram convidados a fazer suas refeições com ele, até que o capitão chegou a estar em termos tão amistosos com o zelador que ele podia entrar e sair o tempo todo. E um dia ele deu um banquete, e fez com que o guardião e seus servidores bebessem uma grande porção de vinho. Quando todos estavam dormindo, o capitão e seus servidores foram e quebraram o espelho e partiram aquela mesma noite. Daquele dia em diante, os cristãos começaram a vir até aí com barcos e navios maiores, e finalmente capturaram uma grande ilha chamada Creta e outra Chipre, que estão sob o domínio dos gregos. Sempre desde então, os homens do rei do Egito não têm sido capazes de levar a melhor sobre os gregos. Até o dia de hoje o farol é um marco de referência para todos os navegantes que vem para Alexandria; pois a gente pode avistá-lo a uma distância de cem milhas de dia, e de noite o zelador acende uma tocha que os marinheiros podem ver de longe, e assim velejar em sua direção[93].

Alexandria é um mercado comercial para todas as nações. Mercadores de todos os reinos cristãos vêm para lá; de um lado, da terra de Veneza e Lombardia, Toscana, Apúlia, Amalfi, Sicília, Calábria, Romagna, Cazaria, Patzinakia,

---

93 Flávio Josefo, que teve a oportunidade de ver Pharos antes de ser destruído, deve igualmente ter exagerado quando diz que o farol lançava seus raios a uma distância de trezentos estádios. Estrabão também descreve o Pharos de Alexandria, que era considerado uma das maravilhas do mundo. Por ser a costa baixa e não haver pontos de referência, ele prestou grande serviço à cidade. Foi edificado em mármore branco, e no topo ardia um enorme fanal de toras saturadas de piche. Abulfeda alude ao grande espelho que habilitava os guardiões do farol a detectar, de uma grande distância, a aproximação do inimigo. Ele menciona, além disso, que o estratagema pelo qual o espelho foi destruído ocorreu no primeiro século do islamismo, sob o califa Valyd, o filho de Abd-Almalek.

Hungaria, Bulgaria, Rakuvia (Ragusa?), Croácia, Eslavônia, Rússia, Alamania (Alemanha), Saxônia, Dinamarca, Kurland[?], Ireland[?], Noruega (Norge?), Frísia, Escócia, Inglaterra, Gales, Flandres, Hainault[?], Normandia, França, Poitiers, Anjou, Burgúndia (Borgonha), Maurienne, Provença, Gênova, Pisa, Gasconha, Aragão e Navarra. E na direção do Leste, sob o domínio dos maometanos: Andaluzia, Algarve, África e a terra dos árabes. E, de outro lado, Índia, Zawilah, Abissínia, Líbia, El-Yemen, Schinar, Esch-Scham (Síria); também Iavan, cujos habitantes são chamados gregos, e os turcos. E mercadores da Índia trazem para lá todos os gêneros de especiarias, e os mercadores de Edom as compram. E a cidade é azafamada e cheia de tráfico. Cada nação tem uma estalagem própria.

Junto à costa do mar há um sepulcro de mármore em que estão gravados todos os tipos de animais e aves; há uma efígie no meio dele, e a escritura toda é em caracteres antigos, que ninguém conhece. As pessoas supõem que o sepulcro seja de um rei que viveu em tempos remotos antes do Dilúvio. O comprimento do sepulcro é de cinquenta palmos, e a largura de seis palmos. Há cerca de três mil judeus em Alexandria.

Daí são dois dias de jornada até Damietta, que é Caftor, onde vivem cerca de duzentos judeus, e ela se situa junto ao mar. De lá é um dia de viagem até Simasim; ela contém cerca de cem judeus. Dali a jornada é de meio dia até Sunbat; seus habitantes semeiam linhaça e tecem linho, que exportam para todas as partes do mundo. De lá são quatro dias até Ailam, que é Elim. Ela pertence aos árabes que moram no deserto. Dali são dois dias de jornada até Refidim onde habitam árabes, mas lá não há judeus. Um dia de jornada a partir desse lugar leva a pessoa ao monte Sinai. No topo da montanha há um grande convento que pertence aos numerosos monges chamados sírios. Ao pé da montanha existe uma grande cidade chamada Tur Sinai; os habitantes falam a língua do *Targum* (siríaco). Fica próxima de uma pequena montanha, cinco dias de distância do Egito. Os habitantes encontram-se sob o governo egípcio. A um dia de jornada do

monte Sinai fica o mar Vermelho, que é um braço do Oceano Índico. Nós retornamos a Damietta. Dali é um dia de jornada até Tanis, que é Hanes, onde há cerca de quarenta judeus. É uma ilha no meio do mar. Tão longe se estende o império do Egito.

Retorno à Europa

De lá leva vinte dias por mar até Messina, que é o começo da Sicília e situa-se no braço de mar que é chamado Lipar, que a divide da Calábria. Ali residem cerca de duzentos judeus. É uma terra cheia com tudo o que é bom, com jardins e plantações. Ali se reúne a maioria dos peregrinos a fim de cruzar para Jerusalém, pois é o melhor ponto de cruzamento. Dali são cerca de dois dias de jornada até Palermo, que é uma grande cidade, onde fica o palácio do rei Guilherme. Palermo contém cerca de 1.500 judeus e um grande número de cristãos e maometanos. É um distrito em que abundam nascentes e riachos, uma terra de trigo e cevada, bem como de pomares e plantações, e não há igual a ela em toda ilha da Sicília. Ali é o domínio e o jardim do rei, que é chamado de Al Harbina (Al Hacina), contendo todas as espécies de árvores frutíferas. E nela há uma grande fonte. O jardim é rodeado de um muro. E foi feito ali um reservatório que é chamado de Al Buheira[94], e nele há muitas espécies de peixes. Barcos revestidos[95] de prata e ouro estão lá, pertencentes ao rei,

94 *Al-buheira* é a palavra árabe para lago.
95 O rei Guilherme II, apelidado "o Bom", tinha dezesseis anos de idade quando Benjamin visitou a Sicília em 1170. Durante a minoridade do rei, o arcebispo tornou-se o vice-regente. Ele ›

que realiza neles viagens de prazer com suas mulheres. No parque também há um grande palácio, cujas paredes são pintadas, e revestidas de ouro e prata; a pavimentação do piso é de mármore, realçado em ouro e prata por todas as formas de desenho. Não há construção como essa em qualquer outra parte. E essa ilha, o começo da qual é Messina, contém todas as coisas aprazíveis deste mundo. Ela abrange Siracusa, Marsala, Catânia, Petrália e Trapani – sendo de seis dias de jornada a circunferência da ilha. Em Trapani encontra-se coral, que é chamado Al Murgan[96].

Dali as pessoas passam para a cidade de Roma em dez dias. E de Roma elas seguem por terra até Luca, que fica a cinco dias de jornada. De lá elas cruzam a montanha de Jean de Maurienne[97], e os passos da Itália. São vinte dias de jornada até Verdun, que é o começo da Alamania (Alemanha), uma terra de montanhas e colinas. Todas as congregações da Alamania situam-se no grande rio Reno, da cidade de Colônia, que é a principal do império, até a cidade de Regensburg, a uma distância de quinze dias

> veio a ser escorraçado em 1169, devido à sua impopularidade. Cronistas contam que, quando o jovem rei ficou livre do controle do vice-rei, ele se entregou aos prazeres e à dissipação.

96 Edrisi, que escreveu a sua *Geografia* na Sicília em 1154, a pedido do rei Rogério II, chama a ilha de uma pérola, e não consegue achar palavras suficientes em louvor de seu clima, beleza e fertilidade. Ele é especialmente entusiástico no concernente a Palermo. Petraglia é descrita por ele como um lugar fortificado, e um excelente sítio de refúgio, circundado por campos em alto estado de cultivo e muito produtivos.

97 Na época de Benjamin, o condado de Maurienne incluía quase toda Savoia. Encontramos um conde de Maurienne em Turim, na lista dos nobres que participaram da Segunda Cruzada, e o nome que se originou da invasão árabe no século IX ainda é retido no condado de São João Maurienne, uma cidade ao pé do monte Senis.

de jornada na outra extremidade da Alamania, também chamada de Aschkenaz. E são as seguintes as cidades da terra da Alamania, que tem congregações hebraicas: Metz, Treves sobre o rio Mosela, Coblenz, Andernach, Bonn, Colônia, Bingen, Münster e Worms.

Israel toda está dispersa em cada país, e aquele que não promove a reunião de Israel não encontrará felicidade nem viverá com Israel. Quando o Senhor nos lembrar de nosso exílio, e levantar o corno de seu ungido, então cada qual dirá: "Eu conduzirei os judeus e hei de reuni-los". Quanto às cidades que foram mencionadas, elas contêm eruditos e comunidades que amam seus irmãos, e exprimem paz àqueles que estão perto e longe e quando o viajante chega eles se regozijam, e fazem-lhe festa, e dizem: "Rejubilai-vos, irmãos, pois a ajuda do Senhor vem num piscar de olhos". Se não tivéssemos medo de que o tempo designado ainda não é chegado nem foi alcançado, nós nos teríamos reunidos, mas nós não ousamos fazê-lo até que o tempo para o canto haja sobrevindo, e a voz da rola (seja ouvida na terra), quando os mensageiros virão e dirão continuamente: "Exaltado seja o Senhor".

Entrementes, eles mandam missivas um ao outro, dizendo: "Sede fortes na lei de Moisés, e rogai ao Senhor, vós, enlutados, por Sião e, vós, enlutados, por Jerusalém, e possa a súplica daqueles que trajam as vestes do pranto ser recebida devido a seus méritos".

Em acréscimo às várias cidades que mencionamos, há ademais: Estrasburgo, Würzburg, Mantern, Bamberg, Freising e Regensburg na extremidade do império. Nessas cidades há muitos israelitas, homens sábios e ricos.

De lá se estende a terra da Boêmia, denominada Praga. É o começo da terra da Eslavônia, e o judeus que lá moram chamam-na Canaã, porque os homens desse país (os eslavos) vendem seus filhos e filhas às outras nações. Estes são os homens da Rússia, que é um grande império estendendo-se das portas de Praga às portas de Kieff, a grande cidade que fica na extremidade desse império. É uma terra de montanhas e florestas, onde se encontram animais chamados de *veiro* (marta), arminho e zibelina. Ninguém sai de sua casa em tempo de inverno por causa do frio. Encontram-se lá pessoas que perderam a ponta do nariz devido à geada. Tão longe chega o império da Rússia.

O reino da França, que é Tzarfat, estende-se da cidade de Auxerre até Paris, a grande cidade – uma jornada de seis dias. A cidade pertence ao rei Luís[98]. Situa-se no rio Sena. Lá existem eruditos sem igual em todo mundo, que estudam a Lei dia e noite. Eles são caridosos e hospitaleiros para com todos os viajantes, e são como irmãos e amigos a todos os seus irmãos, os judeus. Possa Deus, abençoado seja, ter mercê de nós e deles!

[TERMINADO e COMPLETADO]

98   O rei Luís VII da França, 1137-1180.

Glossário

Observação acerca da grafia das palavras hebraicas: algumas letras hebraicas levam um ponto enfatizador, chamado dagesch, quando grafadas, e no caso de três delas, kaf/raf (כ/כ), beit/veit (ב/ב) e pei/fei (פ/פ), tal ponto indica alteração da pronúncia, que também ocorre em virtude da origem do falante: judeus sefarditas (Península Iberica, norte da África e Oriente Médio) e asquenazitas (Europa Central e do Leste) pronunciam as palavras diferentemente. Aqui optamos por transliterar o beit sempre como в.

Aaronim
hebraico; sacerdotes que se diziam da estirpe de Aarão.

Ab/Av
Décimo primeiro mês do calendário hebraico (julho–agosto).

Academia
ver ieschivá.

Alanos
alani em hebraico; povo nômade de origem iraniana que habitava o Cáucaso. Nos estertores do Império Romano migraram para o oeste, chegando a se instalar na Península Ibérica, com a cidade de Beja como sua capital, mas foram ali derrotados

pelos visigodos. Os alanos que permaneceram no Cáucaso, porém, referidos aqui por Benjamin, constituíam na Idade Média o poderoso Reino da Alania, que seria destruído pela invasão mongol em 1238-1239.

Ano Novo

ver Rosch ha-Schaná.

Arábia Feliz

divisão romana da Península Arábica junto com a Arábia Pétrea (território do Reino dos Nabateus, com sede em Pétra; corresponde em parte à atual Jordânia), Arábia Deserta (hoje Arábia Saudita) e Arábia Feliz (correspondendo ao Iêmen e Omã atuais).

Batlanim

em hebraico, ociosos. Designa os estudantes das academias (ieschivás), mas também um grupo de dez homens que, não tendo de se ocupar com os próprios negócios, dedicam todo o seu tempo aos assuntos comunitários e, particularmente, ao serviço diário na sinagoga.

Bdélio

mesmo que mirra, resina da planta de mesmo nome, de aroma agradável e gosto amargo, de tonalidade que varia do amarelo ao castanho-avermelhado. Muito popular na Antiguidade por possuir propriedades adstringentes, antissépticas, sendo utilizada como óleo e também como incenso.

Beit Din

em hebraico, casa da justiça, o tribunal rabínico, portanto.

Calendário hebraico

de base lunissolar, com influências babilônicas, é vigente em Israel e utilizado fora de lá para estipular os feriados religiosos. Compõe-se dos meses de Nissan, Iar, Sivan, Tamuz, Ab (Av), Elul, Tischrei, Marcheschvan, Casleu (Kislev), Tebet (Tevet), Schebat (Schevat), Adar.

Califa fatimida

o Califado Fatimida, por alegar descender de Fátima, a filha de Maomé, foi uma dinastia xiita ismaelita de catorze califas, que reinou na África do Norte entre 909 e 1048 e no Egito entre 969 e 1171. À época da viagem de Benjamin, o último governante da dinastia Al-Adid reinava no Egito. Foram sucedidos pelos aiúbidas, dinastia iniciada por Saladino.

Caraitas
seita judaica que baseava sua doutrina exclusivamente na *Torá*, rejeitando a Lei Oral e o *Talmud*.

Coraíta
do hebraico *Korakh*, descendente de Coré, que se rebeleu contra Moisés (*Números* 16, 1-40; e 26, 9-11).

Cutim
termo hebraico para os samaritanos.

Daian
em hebraico, juiz.

Dia da Expiação
ver Iom Kipur.

Drusos
grupo étnico monoteista, de fala árabe, que habita principalmente a Síria, o Líbano e Israel.

Dukhbin
os adoradores do fogo de Ibrig, local que Asher e Adler indentificam com o Ceilão, o que é ainda motivo de disputa.

Esch Scham (Síria)
designação da província de Damasco.

Exilarca
ver *Resch galuta*.

Filhos de Cusch
segundo a *Bíblia*, era um povo que habitava o Egito meridional; popularmente designa os povos africanos de pele negra.

Filhos de Ghuz (ou, em árabe, kofar-al-turak)
os oguzes, um dos ramos dos povos turcomanos e considerados os ancestrais dos turcos modernos. Na época do relato de Benjamin havia grandes migrações desse povo, a partir do mar Cáspio. Os seljúcidas eram um de seus clãs.

Galut

hebraico; exílio, diáspora. Empregado genericamente para designar a dispersão do povo judeu após a destruição do Segundo Templo.

Gaon

hebraico; eminência, sábio, doutor da lei. Título dos patriarcas das academias de Sura e Pumbedita, na Babilônia, até o século X.

Girgaschitas (nestorianos)

na *Bíblia* designa uma das sete nações canaanitas votadas à destruição durante a conquista. Aqui parece designar os nestorianos, uma seita cristã que enfatizava a distinção entre as pessoas divina e humana de Jesus. A Igreja nestoriana foi muito popular na Pérsia e em todo o Oriente, inclusive na China.

Halakhá

termo hebraico usado no sentido de guia, tradição, prática, regra e lei.

Haschischim

do árabe *haxxixin*, "comedores de haxixe" (segundo Marco Polo) ou *assasiyun*, "fiéis ao fundamentos". Também chamados "mulahids" devido ao monte de mesmo nome, todas designações da Ordem dos Assassinos, seita fundada no século XI por Hassan ibn Sabbah, o Velho da Montanha, que visava difundir sua versão do ismaelismo, corrente mística xiíta e que, como resultado de uma disputa sucessória no califado fatimída, passou a atacar os governantes dessa dinastia e seus aliados. Tinha sua sede no forte de Alamut.

Hospitalários

termo que designa os cavaleiros da Ordem Soberana e Militar Hospitalária de São João de Jerusalém, de Rodes e de Malta. De origem aristocrática, foi criada a princípio como uma organização assistencial (1050), passando depois a ser uma ordem militar (1099). É atualmente mais conhecida como Ordem de Malta e constitui uma das ordens mais conservadoras da Igreja Católica.

Ieschivá

hebraico, lit. sessão. Escola tradicional judaica, dedicada primariamente ao estudo da literatura rabínica e talmúdica.

Aqui grafado em maiúscula quando se refere às academias de Jerusalém e da Babilônia, onde se originaram os respectivos *Talmudes*.

Iom Kipur
Dia do Perdão. O último dos dez "dias terríveis" que começam com o Ano Novo. É uma das principais celebrações da religião judaica, quando o crente, observando jejum absoluto, se entrega à oração, ao exame de consciência e à penitência.

Ismaelitas
descendente de Ismael, o filho de Abraão e Hagar. Designa os habitantes do Oriente Médio em geral, mas também uma corrente religiosa minoritária do xiísmo, o ismaelismo.

Kasr-esch Schama
árabe; bairro que deu origem ao Cairo.

Kenisat al-Irakiyyin
lit. a Congregação dos Iraquianos.

Khutba
árabe; sermão religioso muçulmano.

Loazim
hebraico; estrangeiros, bárbaros. Termo neutro para se referir aos estrangeiros, que originalmente designa os falantes de outros idiomas que não o hebraico (inclusive idiomas judeus, como o ídische).

Makhpelá
hebraico; gruta situada em Hebron, que seria a gruta que Abraão comprou para sepultar Sara e onde também estariam sepultados o próprio Abraão, Isaque e Rebeca, Jacó e Lea e, segundo a lenda, Adão e Eva daí ser chamada também de Túmulo dos Patriarcas.

Mitzraim
hebraico; nome bíblico do Egito, mas que aqui fica restrito ao Cairo.

Nissan
sétimo mês do calendário judaico, correspondendo ao nosso março-abril.

Nono Dia de Ab
ver Tischá be-Av.

Nur-ed-din
Malique Adil Noradine Abul Alcacim Mamude ibn (filho de) Imade Adim Zangi, chamado Noredine, da dinastia zangida, antecessor de Saladino como governante (atabegue) da província da Síria do Império Seljúcida.

Parasanga
medida de extensão persa, de uso disseminado. Seu valor exato é incerto, parecendo variar de acordo com a época e o lugar, mas, via de regra, se avalia equivaler a cinco quilômetros aproximadamente.

Peruschim
forma hebraica de fariseus, corrente religiosa que pregava a observância da *Torá* e se opunha dogmática, jurídica, ritual e politicamente aos saduceus, corrente predominante entre os sacerdotes do Segundo Templo.

Pessakh
hebraico; a Páscoa judaica, que comemora a saída dos judeus do Egito.

Raban
hebraico; título dado aos patriarcas, aos presidentes do Sanedrim.

Rav
hebraico; mestre. O líder da comunidade religiosa; ensina a lei e supervisiona seu cumprimento.

Rabanitas
adj. hebraico; "rabínico", redução de *iahadut rabanit*, a linha principal do judaísmo.

Resh galuta
o Exilarca; título do líder laico da comunidade judaica da Babilônia, que, por sua dimensão e importância, exercia influência muito além do território persa.

Rosch
literalmente "cabeça" em hebraico, por extensão de sentido designa o dirigente / líder / chefe de uma instituição /

organização como em *rosch ieschivá gaon iaakov,* o cabeça de uma das academia da Babilônia; cabeça do cativeiro, o Exilarca; cabeça da academia, o reitor da ieschivá.

Rosch ha-Schaná
hebraico; o Ano Novo judaico, comemorado em Tischrei, o primeiro mês (setembro-outubro).

Saladino
líder militar, muçulmano sunita de origem curda, foi o primeiro sultão do Egito e da Síria, dando início à dinastia aiúbida. Combateu os reinos cristãos no Oriente Médio, detendo sua expansão e reconquistando Jerusalém. Ganhou notoriedade no Ocidente a partir do séuclo XIX, graças às obras *Natan, o Sábio,* de Lessing e *O Talimã,* de W. Scott, que o retratam como um soberano sábio e de conduta nobre.

Seljúcidas
togarmim (em hebraico), turcos. Povo nômade, muçulmanos sunitas, que adotou a cultura persa. Estabeleceram o Império Seljúcida (séculos XI e XII d.C.) e o Sultanato de Rum (XI a XIV).

Siríaco
dialeto do aramaico, surgido no século I d.C, muito difundido no Crescente Fértil. Atualmente é o idioma litúrgico da Igreja Ortodoxa Síria, sendo falado por alguns grupos no Iraque e Síria. Tem um alfabeto próprio.

Targum
hebraico; tradução e interpretação, em língua aramaica, do texto hebraico do Antigo Testamento.

Templários
a Ordem dos Pobres Cavaleiros de Cristo e do Templo de Salomão (Ordo Pauperum Commilitonum Christi Templique Salominici, c. 1119-1312), foi uma ordem militar fundada após a Primeira Cruzada, visando proteger os peregrinos cristãos a caminho de Jerusalém. Deriva seu nome de ter estabelecido sua sede na mesquita de Al-Aqsa, situada sobre os alicerces do Segundo Templo.

Tischá be-Av

Hebraico; o dia nove do mês de Ab, quando os judeus rememoram, com luto e jejum, a destruição do Primeiro e do Segundo Templos.

Torá

hebraico; a Lei, designação dos cinco primeiros livros da *Bíblia*, ou seja, o *Pentatêuco*, mas que, por extensão, pode designar a *Bíblia* como um todo.

Xá

do persa *schah*; rei, título de nobreza de origem aquemênida (VI a.C-II a.C) que, embora utilizado por vários reinos orientais, ficou caracterizado por designar o soberano da Pérsia, até recentemente.

Xeque

em árabe, ancião. Designa o chefe de uma tribo ou território.

Lista das Ilustrações

P. 40: Antigo mapa de localização da cidade de Tudela.

P. 42: Vista panorâmica da cidade de Taragona.

P. 43: Mapa de localização da cidade de Monpellier.

P.46: (à esquerda) A entrada do mercado medieval de Tudela.

 (à direita) Cena interna do mercado medieval de Tudela.

P. 47: (à esquerda) Vista da cidade de Gênova.

 (à direita) A cidade de Pisa.

P. 48-49: Vista geral de Roma.

P. 50: O Coliseu romano.

P. 51: *Vista da Igreja de São João de Latrão*, em Roma,. Gravura de Giovanni Battista Piranesi, 1749.

P. 53: Nápoles no século XVI.

P. 54: A cidade de Salerno.

P. 55: Guilherme I, o Mau, rei da Sicília.

P. 57: Detalhe da costa italiana no mapa marítimo de Andrea Benincasa, de 1508.

P. 58: Detalhe da costa grega no mapa marítimo de Andrea Benincasa, de 1508.

P. 62: (à esquerda) A cidade de Constantinopla.

 (à direita) Mapa de Constantinopla, 1422.

P. 70: Mapa da Terra Santa e as doze tribos, século XVIII.

P. 76-77: Jerusalém.

P. 84: Antiga sinagoga de Hamat Tibérias.

P. 86: Pintura da sinagoga de Dura Europos.

P. 89: A cidadela em Alepo.

P. 93: O califa abássida Al-Mamun envia um emissário para o imperador bizantino Teófilo. Iluminura de século XIII.

P. 95: A mesquita de Al-Khulafa.

P. 101: Pintura da sinagoga de Dura Europos.

P. 103: *A Torre de Babel*, óleo sobre tela de Lucas van Valkenborch, 1594. Museu do Louvre.

P. 104: Efígie de Jeconiah, rei de Judá, que reinou apenas três meses e dez dias após assumir o trono em 598, derrotado por Nabucodonosor II, rei da Babilônia.

P. 105: Mapa da Babilônia, século XVIII.

P. 109: A cidade de Basra.

P. 110: A antiga cidade de Schuschan, hoje Shushtar, no Irã.

P. 113: A cidade de Amadia.

P. 117: Mapa do século XVI da cidade de Hamadan, desenhado por Matrakçi Nasuh.

P. 118 O mausoléu de Ester e Mordekhai em Hamadan.

P. 121: Ilustração do Manuscrito de Baburnama, final do século XVI. Reverência a Babur Bāqī Chaghānyānī próximo ao rio Oxus (Daryā Āmū)

P. 127: Pintura de cortesãs a cavalo, de Li Gonglin, século XII, a partir de original do século VIII, de Zhang Xuan.

P. 129: O mapa da Ásia de Ptolomeu (Tabula XII Asiae) interpretado por Laurent Fries a partir da reedição da gravura de Michel Servet, em 1535, baseada na *Cosmographia* de 1522, representando a Taprobana (Taprobana Insula), Sri Lanka, como uma forma muito aumentada.

P. 131: A fênix vermelha, uma das Quatro Deidades Guardiãs que defendem as almas que partiram contra os demônios. Tumba Kangso Middle, construída entre a segunda metade do século VI e a primeira do VII, em Namp'o, Coreia do Norte.

P. 139: O rio Nilo, no Egito.

P. 141: Mapa de Alexandria.

P. 143: Concepção da cidade de Alexandria no período helenístico.

P. 144: O monte Sinai.

Este livro foi impresso na cidade de Guarulhos,
nas oficinas da EGB *Gráfica e Editora, em abril de 2017,*
para a Editora Perspectiva.